밤에만 착해지는 사람들

밤에만 착해지는 사람들

오은

위즈덤하우스

(차례)

작가의 말 밤이면 떠오르는　6

속삭이다　12
흐르다　22
그립다　32
쓰다　42
깊다　52
기울다　62
서성이다　72
두근거리다　82
넘치다　90
흐느끼다　98
달뜨다　106
무르다　116

스치다 126

잠잠하다 136

뿌리치다 144

또렷하다 152

빛나다 162

발음하다 172

두드리다 180

빛있다 188

혼잣소리하다 196

비스듬하다 204

속앓이하다 212

만나다 220

친구의 말 어깨가 넓은 은에게 _유희경   232

작가의 말

밤이면 떠오르는

어젯밤에 떠오른 것은 V였다. 난데없이 떠오른 V의 얼굴은 무표정했다. 도무지 속을 짐작할 수 없었다. 내가 기억하는 V의 얼굴 그대로였다. 처음엔 오해했고 나중에는 속속들이 캐물었던 바로 그 표정. V는 입이 무거웠다. 채근하는 나를 향해 짓곤 하던 옅고 엷은 미소가 떠오르자 문득 V가 보고 싶었다. V와 갔던 장소, V와 먹었던 음식, V와 나누던 이야기를 거쳐 V와

처음이자 마지막으로 싸웠던 날에 도착했다. 떠올리기 싫었지만 그럴수록 더더욱 생생하게 떠올랐다. 눈을 질끈 감아도 소용없었다.

 밤은 떠오르는 시간이다. 매일 달이 떠오르는 것은 물론, 그리운 사람의 얼굴과 잊고 있었던 이름이 빈번히 떠오른다. 오늘 해야 했는데 마치지 못한 일과 내일 해야 할 일이 앞다투어 떠오른다. 유년기에 몰라서 저지른 잘못과 성인이 되어 알면서도 저지른 잘못이 연이어 떠오른다. 얼핏 떠오른 엉뚱한 생각에 피식 웃음이 나고 급부상하는 실시간 검색어를 보며 미지의 세계를 떠올리기도 한다. 떠오른 것은 풍선처럼 터져 사라지기도 하지만, 밤새 내 곁을 맴돌며 심신을 옭아매기도 한다.

 밤은 신기한 시간이기도 하다. 밤송이에 싸인 밤처럼 비밀스럽다. 얼마나 큰 밤이 들어 있는지 밤송이를 열기 전에는 짐작할 수 없다. 밤나무도 몰랐을 것이다. 올해는 얼마나 많은 열매가 맺힐지, 밤을 여물게 하려고 얼마나 많은 힘이 필요할지. 우리가 먹는 밤이 씨앗이고 실은 밤송이가 열매라는 사실을 알게 되었을 때, 나는 지금껏 내가 밤[夜]과 밤[栗]을 얼마나 오해하고 있었는지 깨달았다. 밤에서 밤으로, 밤에서 밤송이로, 밤송이에서 밤나무로 생각은 가지처럼 뻗어나갔다. 걷잡을 수 없는 감정에 휘말렸던 그때도 한밤이었다.

    이 글들을 쓴 것은 2020년 겨울부터 2021년 여름까지다. 당시 KBS 클래식FM 〈당신의 밤과 음악〉에는 시인들의 에세이 코너가 있었다. '시인의 글을 진행자 이상협의 목소리로 듣는다'와 '라디오를 통해 시인의 미공개 에세이를 발표한다'를 신조로 삼아 진행된 코너였다. 내로라하는 시인들이 이 코너를 거쳐갔다는 사실이 나를 주눅 들게 했지만, 9개월의 시간 동안 〈한밤중에 찾아온 용언〉 코너에 실릴 에세이를 쓰며 오롯이 밤에 집중할 수 있었다. 원래부터 아침형 인간과는 거리가 먼 사람이었으나, 밤이 눈치채지 못하도록 그것에 슬몃슬몃 다가가려고 애썼다. 밤과 너무 딱 붙어 있으면 그것이 건네는 이야기를 전달하지 못할 듯싶었다.

라디오에 연재할 적에 이 글들의 내용이 실제로 내가 겪은 일인지 묻는 분들이 많았다. 그때는 절대 아니라고 손사래 쳤지만, 돌이켜보니 그 어떤 글에도 내가 깃들지 않은 것은 없다. 너나 그 같은 대명사로도, 심지어 A, B, H, J, S 등의 머리글자로도 도저히 감출 수 없는 게 있었다. 감추려고 애쓸수록 맥없이 들통나는 것, 그것이 어쩌면 밤의 속성인지도 모르겠다. 이 자리를 빌려 매주 아낌없는 응원을 보내주셨던 이상호 피디님과 장유림 작가님께 고마운 마음을 전한다. 내 글을 밤물결 같은 멋진 목소리로 읽어준 시인이자 아나운서인 이상협 형, 밤새 잠자고 있던 원고를 깨워 책으로 묶어준 김소연 편집자의 따뜻한 손길도 밤늦도록 기억할 것이다.

오늘도 어김없이 밤이 왔다. 다시 떠오르고 다시금 떠올릴 시간이다.

2025년 여름밤
오은

속삭이다

　어른이 되고 '옛날'이란 말을 빈번하게 사용하게 되었다. 옛날이 그렇게 멀리 있는 것이 아니라는 사실을 체득한 것이리라. 10년 전도, 1년 전도, 불과 몇 개월 전도 옛날로 지칭하는 경우가 많아졌다. 떠오르지 않거나 아스라한 장면은 그대로 옛날이 되었다. 그럴 때 옛날은 지금과는 아무 상관이 없는, 낡아서 떠올리지 않아도 되는 어떤 것이었다. 옛날 일이라고 치부해버리기엔

미련이 남는 일도 생겨났다. 일찍 자려고 누웠지만 눈밭 위에 촘촘히 찍힌 발자국처럼 도무지 생각이 그치질 않았다.

어떤 것이 나타났다가 사라지는 주기도 짧아졌다. 유행하던 음악이나 음식이 한 계절을 못 버티고 옛것이 되었다. 천천히 스며드는 것을 대신해 눈 깜짝할 사이에 휘발되는 것이 등장했다. 등장을 반기자마자 장면 밖으로 튕겨져 나간 엑스트라처럼, 멍해질 때가 많았다. 시간이라는 단어를 쓸 때조차 머릿속으로는 순간을 떠올리곤 했다. 뒷걸음질을 치거나 호주머니를 뒤질 때, 잊어버린 것과 잃어버린 것이 번갈아 고개를 들었다. 앞을 건너보면 막막했고 뒤를 돌아보면 아득했다.

"괜찮아."

오랜만에 만난 친구와 저녁을 먹고 집에 온 날, 식사 자리에서 들었던 저 말이 좀체 잊히지 않았다. 그가 왜 저런 말을 했는지는 확실치 않았는데, 듣는 순간

맺혀 있었던 게 스르르 풀리는 느낌이 들었다. "밥 더 먹을래?"나 "날씨가 춥지?"에 대한 답변이었을지도 모르는데, 그가 저 말을 할 때의 단호한 표정이 내게 어떤 힘이 된 것만은 분명했다. 괜찮을 거라고 말할 때, 그는 분명 속삭이고 있었다. 나지막한 목소리지만 확신이 깃들어 있었다. 좋지도 않고 나쁘지도 않은, 하지만 기대해볼 만한 어떤 상태로 나를 잡아끄는 것 같았다. 순간이 한껏 길어지고 있었다. 시간이 되고 있었다.

아스라한 옛날과 선명한 그때 사이로, 속삭이듯 밤이 왔다.

나를 위로해주는 말들은 대부분 속삭임이었다. 편지에 쓰인 문장, 한두 줄의 문자 메시지조차 속삭이듯 다가오는 경우가 많았다. 그럴 때 글은 읽는 게 아니었다. 깃드는 것이었다. 그럴 때 말은 듣는 게 아니었다. 흘러드는 것이었다.

너의 곁에는 아직 내가 있다는 것, 잊어버리지도

잃어버리지도 않겠다는 것, 훗날이 옛날이 될 때까지
응원을 멈추지 않겠다는 것, 내일이면 한결 괜찮으리라는
것…… 손을 잡듯, 이마를 짚듯, 어깨를 두드리듯
속삭임은 그렇게 왔다.

　어릴 때 잠들기 전이면 으레 부모님에게 옛날이야기를
들려달라고 떼쓰곤 했다. 동화를 읽어주는 대신,
부모님은 당신들의 옛날을 내 앞에 꺼내놓으셨다.
옛날이야기가 지극히 현실적이어서 나는 몰입할 수
없었던 것 같다. "왕도 등장하지 않고 요정이나 용도 안
나오는 옛날이야기가 어디 있어?" 이야기의 도입부만
듣고 나는 잠투정을 부렸다. 그때 내게 옛날은 멀리 있어
차마 상상할 수 없는 어떤 것이었다. 나와는 완전히
동떨어진 세계가 바로 옛날이었다.
　엄마는 내 손을 잡고 아빠는 내 이마를 짚었다.
밤은 내 어깨를 두드려주었다. 한번 시작된 이야기는
내가 잠들 때까지 계속되었다. 엄마의 유년시절이나

아빠의 학창시절이 속삭임처럼 가만가만 흘러나왔다. 속삭인다는 것은 비밀하게 털어놓는 것이므로, 나는 부모님과 매일 밤 조금씩 가까워졌다. 왕도 등장하지 않고 요정이나 용도 안 나오지만, 어린 엄마와 풋풋한 아빠가 등장하는 이야기였다. 옛날이야기인데 더없이 생생한 이야기였다.

    이제 나는 밤마다 속삭임을 찾아 나서기 위해 습관처럼 책을 펼친다. 책장과 책장이 스칠 때 속삭임이 들려온다. 책 속 등장인물이 하는 말이 심상치 않은 속삭임으로 다가올 때도 있다. 생각해보니 누군가와 사랑에 빠지면 속삭이는 순간이 많아진다. 빠진다는 것은 몰랐던 세계에 풍덩 뛰어드는 것이므로. 나의 비밀을 당신에게만큼은 기꺼이 털어놓고 싶다는 것이므로. 오늘도 머지않아 옛날이 될 것이라고 생각하면 적잖이 쓸쓸해진다. 그런 날이면 한밤중에 밤이 속삭인다.
    "괜찮아."

나를 위로해주는 말들은 대부분 속삭임이었다.
편지에 쓰인 문장, 한두 줄의 문자 메시지조차
속삭이듯 다가오는 경우가 많았다.
그럴 때 글은 읽는 게 아니었다. 깃드는 것이었다.
그럴 때 말은 듣는 게 아니었다. 흘러드는 것이었다.

너의 곁에는 아직 내가 있다는 것,
잊어버리지도 잃어버리지도 않겠다는 것,
훗날이 옛날이 될 때까지 응원을 멈추지 않겠다는 것,
내일이면 한결 괜찮으리라는 것……
손을 잡듯, 이마를 짚듯, 어깨를 두드리듯
속삭임은 그렇게 왔다.

누군가와 사랑에 빠지면
속삭이는 순간이 많아진다.
빠진다는 것은 몰랐던 세계에
풍덩 뛰어드는 것이므로.
나의 비밀을 당신에게만큼은
기꺼이 털어놓고 싶다는 것이므로.

흐
르
다

밤이 길어지는 계절의 한복판에 있다. 동지가
지났지만 살을 에는 듯한 추위 때문에 초저녁부터 싸늘한
밤기운이 느껴진다. 추운 것은 몸으로 오지만, 싸늘한
것은 마음으로도 온다. 싸늘한 표정 앞에서는 쩔쩔매게
되고 싸늘한 태도 앞에서는 쪼그라들게 마련이다.
날씨가 사람을 위축되게 만드는 셈이다. 낮의 그림자가
뻗어나가는 것이라면 밤의 그림자는 드리우는 것에

가깝다. 걸음을 뗄 때마다 밤 속으로 깃드는 느낌이 든다.

   한 해가 마무리되고 새로 시작되는 시기에는 밤마다 생각도 길어진다. 밤에 웅크리고 앉아 귤을 까먹으면 유년시절의 아랫목 풍경이 떠오른다. 엎드려 책을 읽을 때면 방바닥 아래서 책 속 이야기가 펼쳐지고 있을 것만 같다. 밤바람, 밤바다, 밤공기, 밤경치, 밤마실, 밤하늘, 밤물, 밤안개, 밤물결…… 밤이 전유한 단어들을 살펴보니, 밤은 액체와 기체 사이에 있는 것 같다. 흐르면서 서서히 퍼져 나가는 것 같다.

   유유히 흘러갈 때는 오히려 하루하루가 눈에 들어오지 않는다. 오늘도 잘 살아냈다는 감각은 분명 있을 테지만, 그것을 굳이 기록해두려고 하지는 않는다. 내일도 오늘과 비슷할 것이므로 안도하는 것이다. "물 흐르듯이"라는 관용구에는 자연스러움이, "흐르는 물은 썩지 않는다"라는 속담에는 꾸준함이 담겨 있다. 이렇듯 흐르는 것은 어떻게든 지속되고 싶어 한다. 시간처럼, 이야기처럼. 그리고 우리는 그 이야기가 흘러나오는 시간을 사랑한다.

한번 흐르기 시작한 이야기는 도무지 그칠 줄 모른다. 까만 밤에 하얀 눈까지 내리면 이야기는 명암을 획득하고 눈덩이처럼 불어나기 시작한다. 기억 저편의 하룻밤이 지금 여기 한밤중이 되는 건 그야말로 시간문제다. 밤에 나누었던 대화, 밤에 들었던 노래, 밤에 유독 짙어지는 그리움…… 머릿속에 소리 없이 별이 뜨는 시간이다. 말이 음악이 되고 감정으로 여무는 동안에도 밤은 묵묵히 흐르고 있었다.

무수한 밤이 우리를 여기로 이끌었다.

겨울밤은 이따금 시간을 멎게 만들기도 한다. 흐르던 것이 난데없이 벽에 가로막힐 때에는 당혹스럽다. 탐닉과는 전혀 다른 의미로 시간 가는 줄 모르게 된다. 시간이 세월이 되어도 풀리지 않는 문제가 남아 있다. 시간문제는 거의 다 감정 문제다. 자정쯤 되었을까 시계를 보았는데 새벽 2시가 넘어 있는 경우가 많다.

미련이 그만큼 길었던 것이리라. 몰두의 끝에는 여운이 남곤 하는데, 그 맛이 쓸 때가 많다. 아침에 받은 안부 문자를 한밤중이 되어서야 확인한 것처럼.

   잠자리에 누워도 상념은 계속된다. 기억 저편에서 굳어가던 장면이 제멋대로 흐르기 시작한다. 강추위처럼 생생하고 밤바람처럼 쌩쌩해서 정신을 번쩍 들게 만든다. 그날 했던 말, 그날 입었던 옷, 그날 먹었던 음식까지 또렷하게 떠오른다. 잊은 것이 아니었다. 그저 잊고 싶었던 것이었다. 눈이 그쳐도 생각은 그치지 않는다. 눈을 붙일 수는 있어도 마음 붙일 데는 없음을 깨닫는 시간이다.

   그런 날이면 무언가를 쓰고 싶다. 아니, 무언가를 쓰지 않으면 잠들 수 없을 것 같다. 흐르던 것이 다시 흐를 수 있게 벽을 걷어내야 한다. 제대로 끝내지 못했던 대화를 이어가야 한다. 고맙다고 해야 한다. 미안하다고 해야 한다. 중간에서 끊겼던 이야기를 다시 시작해야 한다. 만나야 한다. 눈을 마주쳐야 한다. 못다 한 말이 너무 많아서 쓸 때면 어김없이 겸허해진다. 그래서 사람들은 밤에 착해진다. 밤에만 착해진다.

크리스마스카드도 연하장도 겨울에 쓰인다. 보는 눈이 많은 낮보다는 무언가 차오르기 시작하는 밤에 펜을 드는 경우가 많다. 받는 사람은 여기에 없지만 종이 위에 펜촉이 굴러가기 시작하는 순간, 이야기는 절로 몸집을 키운다. 잘 지내냐는 안부에서 추억으로, 추억에서 그리움으로, 그리움에서 잘 지내라는 당부로. 차올랐던 것이 유유히 흐르는 것이다.

눈 쌓인 겨울밤, 잘 지내고 싶은 두 사람 사이로 말줄임표 같은 발자국이 찍힌다.

밤에 나누었던 대화,
밤에 들었던 노래,
밤에 유독 깊어지는 그리움.
머릿속에 소리없이 별이 뜨는 시간이다.
무수한 밤이 우리를 여기로 이끌었다.

고맙다고 해야 한다. 미안하다고 해야 한다.
중간에서 끊겼던 이야기를 다시 시작해야 한다.
만나야 한다. 눈을 마주쳐야 한다.
못다 한 말이 너무 많아서 쓸 때면
어김없이 겸허해진다.
그래서 사람들은 밤에 착해진다.
밤에만 착해진다.

잘 지내냐는 안부에서 추억으로,
추억에서 그리움으로,
그리움에서 잘 지내라는 당부로.
차올랐던 것이 유유히 흐르는 것이다.
눈 쌓인 겨울밤, 잘 지내고 싶은 두 사람 사이로
말줄임표 같은 발자국이 찍힌다.

그
립
다

중학교 국어 시간에 시를 배울 때의 일입니다. 아마도 김소월의 〈진달래꽃〉이었을 거예요. 선생님의 입에서 "최대치의 그리움"이라는 말이 흘러나왔어요. 곧장 노트에 받아 적었습니다. 시험에 나올 것 같아서가 아니었어요. 그저 기억하고 싶었습니다. 근사하게 들렸거든요. 최대치라는 값은 중학생이 상상하기에는 너무 멀리 있었어요. 그리움이라는 마음은 중학생이 이해하기에는 너무 커다래 보였어요. 목이 멜 정도로 사무치다가 잠 못 이루게 만드는 그 마음이, 내게도 언젠가 찾아올 것 같았거든요.

  보고 싶다는 마음에 맨 처음 '그리움'이라는 이름을 붙여준 사람을 떠올립니다. 마루에 걸터앉아 마을 어귀를 하염없이 바라보던 여자였을까요? 바닷가에 선 채 물속 깊이를 가늠할 수 없어 도리질하던 남자였을까요? 그때라는 시간은 매일 하루만큼 멀어지는데 왜 감정은 더 짙어지기만 하는지 도무지 알 길이 없네요. 보고 싶어 하는 사람은 그리워하는 사람입니다. 오지 않을 시간을 기다리는 사람입니다. 그리움이라는 마음이 '그립다'라는 상태로, '그리워하다'라는 진행형인 마음 상태로 이어집니다.

  그리움의 더께가 쌓이고 쌓이면 그것은 가려움이 되기도 합니다. 몸이 가려운 게 아니라 마음이 가려운 거예요. 애초에 없었던 존재면 이렇게까지 아쉽지는 않을 거예요. 내내 있었다가 어느 순간 없어져버린 존재에 우리는 그리움을 품잖아요. 그러므로 그리움이 깊어진다는 것은 과거가 더욱 선명해진다는 것입니다. 심호흡을 하고 깊게 들어가야만 비로소 볼 수 있는 감정이 있어요. 그 감정은 좋고 싫음의 영역이 아니라 나를 구성하는 요소일 거예요. 그리움이 한숨으로 흘러나올 때, 나는 나를 조금 토해놓는 것입니다.

글과 그림과 그리움의 어원이 '긁다'에서 비롯했다는 이야기가 있어요. 셋 다 뾰족한 것을 들어 흔적을 남기는 행위와 맞닿아 있는 것 같아요. 그리워서 글을 쓰는 사람도, 그림을 그리다 문득 그리워지는 사람도 있을 겁니다. 그리움이 더해지는 것이지요.

라디오에서 우연히 정미조가 부른 〈개여울〉을 들었던 날입니다. 〈개여울〉은 김소월의 시에 곡을 붙여 만든 노래예요. 여울은 "강이나 바다의 바닥이 얕거나 폭이

좁아 물살이 세게 흐르는 곳"을 뜻해요. 그래서 개울의 여울목을 가리켜 개여울이라고 부르지요. 달리 말하면, 흐르던 물이 흘러넘치는 곳이 다름 아닌 개여울입니다. 그리움도 마찬가지 같습니다. 귀한 무언가를 잊어버리거나 소중한 누군가를 잃어본 사람이라면 늘 그리움을 간직하고 살아간다고 생각해요. 그때 그 감정은 흐르는 것이지요. 그것이 세게 치밀어 오르는 순간이 있는데, 그때 그 감정은 흘러넘치는 것이 되어요. 안고 살던 그리움이 터져버리고 마는 거예요.

감정 따위가 힘차게 설렐 때나 생각이 불길처럼 일어날 때도 '여울지다'라는 표현을 씁니다. 제게는 잠잠한 상태일 때 오히려 가슴속에서 솟구치는 단어입니다. 그리움처럼 멀게만 느껴지던 것이 온몸에 번지는 시간이 찾아오는 거예요. 보고 싶은 사람에게 생각날 때마다 보고 싶다고 이야기하지는 않잖아요. 그 감정을 주체할 수 없어 결국 전하고 마는 날, '그립다'라는 형용사는 마침내 동사가 됩니다. 마음이 마음을 움직이는 시간이 시작되는 것이지요.

　그리움은 해소될 수 없어요. 우여곡절 끝에 다시 만난다고 해도 그때의 그 감정이 완전히 사라지지는 않잖아요. 그사이 시공간이 변한 것은 물론, 우리도 그때와 똑같은 사람은 아니니까요. 줄곧 눈에 밟히던 사람이 눈앞에 있는데, 우리는 그저 눈물만 쏟아냅니다. 눈물이 흘러도 눈에 난 발자국은 없어지지 않아요. 보고 있어도 보고 싶은 것입니다. 이렇듯 그리움을 품게 만드는 것은 과거인데, 그것은 늘 현재진행형으로 나타나지요. 한번 그리움을 품게 되면 그것은 평생 동안 나를 따라다닙니다. 나와 함께합니다. 그래서 남은 사람은 곧 그리워하는 사람이지요.

　1월 15일, 오늘은 아버지 기일입니다. 그리움으로 여울진 하루의 끝에서 이 편지를 보냅니다. 그리워할

대상이 있어서, 그리움을 글로 표현할 수 있어서,
무엇보다 온 마음으로 그리워할 수 있어서, 실로
다행입니다.

그 감정을 주체할 수 없어 결국 전하고 마는 날,
'그립다'라는 형용사는 마침내 동사가 됩니다.
마음이 마음을 움직이는 시간이
시작되는 것이지요.

줄곧 눈에 밟히던 사람이 눈앞에 있는데,
우리는 그저 눈물만 쏟아냅니다.
눈물이 흘러도 눈에 난 발자국은 없어지지 않아요.
보고 있어도 보고 싶은 것입니다.

쓰
다

쓰기 시작하면서부터, 밤이 길어졌어요. 입안에서
맴돌던 어떤 말이 처마에 맺힌 빗방울처럼 좀체 떨어지지
않아요. 늘 그래요. 침을 삼키며 쓸 수 있는 순간이
찾아오길 기다렸지요. 입맛이 썼어요. 언제부터 쓰기
시작했는지 모르겠어요. 아마도 초등학교 시절, 숙제로
제출해야 하는 일기 때문에 매일 밤 연필을 들었던 것
같아요. 기상 시간과 날씨는 물론이거니와 점심과 저녁에

먹은 것까지 모조리 다 적었어요. 하루 일과가 빽빽이 채워졌지요. 일기란 그런 것인 줄 알았어요. 가능한 한 하루에 있던 모든 일들을 담는 것, 그날그날 벌어진 일을 소상히 밝히는 것.

아홉 살이 되니 일기 쓰기가 싫어졌어요. 고작 1년을 썼을 뿐인데, 일기는 어느새 가장 쓰기 싫은 글이 되어 있었어요. 학교에서 쓰는 것은 선생님의 말을 받아 적는 것인 반면, 일기는 온전히 내가 기억을 떠올리고 조합하고 풀어내야 하는 것이었어요. 반추하는 일이 싫어서가 아니라, 엇비슷한 하루를 다르게 쓰는 데 질려버렸던 것 같아요. 나의 일과를 낱낱이 밝히는 데 거북한 마음도 있었을 거예요. 일기 쓰기가 싫다는 마음을 일기장에 담았어요. 어디서 그런 용기가 솟아났는지 모르겠어요. 선생님께서는 볼펜으로 "상상한 것을 써도 좋다"라고 적어주셨어요. 밤이 길어지기 시작한 것은, 정확히 그날부터였어요.

그날 밤, 서울에 대한 일기를 썼어요. 저는 정읍이란

곳에 살았는데, 그때까지 한 번도 서울에 가본 적이 없었어요. 텔레비전을 통해 접한 서울의 이미지만 머릿속에 가득했지요. 63빌딩도 있고 놀이동산도 있는 서울. 63빌딩 전망대에서 서울을 한눈에 내려다보고 놀이동산으로 이동해 타고 싶었던 놀이기구를 다 탔어요. 상상 속에서는 교통 체증도, 줄 서서 기다리는 일도 없었어요. 얼마나 즐거울지 상상하느라 연필을 쥔 손끝이 떨리기도 했고요. 나중에 실제로 63빌딩과 놀이동산에 갔었는데 일기 쓸 때만큼 즐겁지는 않았어요.

 오늘도 어김없이 밤이 찾아왔어요. 오늘에서야 할 수 있게 된 이야기가 시작될 거예요.

 쓸 수 없을 때, 밤은 바위처럼 옴짝달싹 않는 것이었어요. 힘껏 밀어도 움직일 기미가 보이지 않았어요. 커서가 껌뻑거릴 때 설렌다면 당신은 지금 쓰고 싶은 이야기가 있는 거예요. 반면, 커서의 일정한 신호가 당신을 초조하게 만든다면 쓰는 일은 살얼음판

위를 걷는 일이 될 확률이 높아요. 언제부턴가 설레는 경우는 뜸해지고 초조한 경우가 잦아졌어요. 그런 밤이면 힘겹게 한 줄을 쓰고 이내 그것을 지워버려요. 단순히 쓴 경험보다 쓰디쓴 경험이 오래 기억에 남는 것처럼, 단번에 쓴 것보다 썼다 지웠다 한 것이 오랫동안 마음에 남아요. 미련이지요. 깨끗이 잊지 못하고 끌리는 데가 남아 있는 마음. 미련 때문에 벌써부터 내일 밤을 기다려요.

얼마 전, 〈부치지 못한 편지〉라는 주제로 편지를 써달라는 요청을 받았어요. 해 아래에서는 차마 전하지 못할 편지를 써야 했어요. 달 아래에서만 겨우 할 수 있는 말, 별똥별이 떨어지는 찰나에 스리슬쩍 넘어가듯 하는 말이 떠올랐지요. 아침에는 멍해서, 대낮에는 부끄러워서 차마 건네지 못했던 말에는 어쩌면 진심이 한가득 담겨 있었을 거예요. 어릴 적 일기를 쓸 때가 문득 떠올랐어요. 미래의 나를 상상하며 쓰던 일기처럼, 저는 10년 후의 제게 편지를 썼어요. 그러고 보니 안부를 묻는 것도 밤에 어울리는 일 같아요. 편지를 조금 들려드리며 오늘의 인사를 대신할게요.

    나는 네가 궁금해. 여전히 추위를 많이 탈지, 첫눈이 내릴 때 눈송이 하나를 손바닥 위에 얹은 뒤 그것이 녹을 때까지 바라볼지, 겨울이면 손이 터서 늘 핸드크림을 가지고 다닐지. 10년이면 강산도 변한다고 하는데, 얼마나 변해 있을지, 변한 것과 변하지 않은 것은 무엇일지. 그사이 얻은 것과 잃은 것은 무엇일지. 얻은 것보다 잃은 것이 많다고 하더라도 그것을 셈하고 있지는 않았으면 해. 거절 못해서 쩔쩔매고 있을 가능성은 여전할 테지만, 할 수 없는 일을 꾸역꾸역 해내다가 몸과 마음을 다치지는 않았으면 해. 너를 지킬 수 있었으면 해. 아무리 바쁘더라도 스스로를 지키는 일을 소홀히 하지 않았으면 해.
    부디 너는 지금의 나보다 좀 더 나은 사람이었으면 해.

오늘도 어김없이 밤이 찾아왔어요.
오늘에서야 할 수 있게 된
이야기가 시작될 거예요.

달 아래에서만 겨우 할 수 있는 말,
별똥별이 떨어지는 찰나에
스리슬쩍 넘어가듯 하는 말이 떠올랐지요.
아침에는 멍해서, 대낮에는 부끄러워서
차마 건네지 못했던 말에는
어쩌면 진심이 한가득 담겨 있었을 거예요.

얻은 것보다 잃은 것이 많다고 하더라도
그것을 셈하고 있지는 않았으면 해.
거절 못해서 쩔쩔매고 있을 가능성은 여전할 테지만,
할 수 없는 일을 꾸역꾸역 해내다가
몸과 마음을 다치지는 않았으면 해.
너를 지킬 수 있었으면 해.
아무리 바쁘더라도 스스로를 지키는 일을
소홀히 하지 않았으면 해.

부디 너는 지금의 나보다
좀 더 나은 사람이었으면 해.

깊
다

아침에 내쉰 한숨이 부메랑으로 돌아오는 시간이다.
오전에 건넨 안부 문자에 답장이 없어 하릴없이
휴대전화만 만지작거리는 시간이다. 무작정 책을
펼쳐보지만 문장이 눈에 들어오지 않는 시간이다.
책 속의 주인공에게 도무지 감정 이입을 할 수 없는
시간이다. 베개에 고개를 처박고 발버둥을 치는
시간이다. 시간은 공평하게 흐르지만, 어떤 시간의

밀도는 지나치게 높다. 밤이다. 그것도 아주 깊은 밤. 너무 깊어서 한 번 빠지면 쉽게 헤어날 수 없는 밤. 진흙처럼 매시 매분 매초 달라붙는 밤.

　최초로 밤에 깊이를 부여한 사람은 누구였을까. 깊은 아침을 찾는 이도, 깊은 낮을 기다리는 이도 없다. 오직 밤만이 깊이를 갖는다. 전통이나 역사, 혹은 내력처럼 마치 밤만이 오랫동안 있어왔다는 생각이 든다. 밤은 매일 밤 조금씩 깊어진다. 그 깊이에 매료되어 밤이 되면 자발적으로 푹푹 빠지는 사람도 있다. 깊은 밤을 벗 삼아 더 깊은 상념에 빠지는 것이다. 아침에는 떠오를 기미도 없었고 낮에는 대수롭지 않았던 생각이 뿌리를 내리기 시작한다. 뿌리끼리 얽히고설켜 덤불을 이룬다. 피할 수도, 벗어날 수도, 떨쳐버릴 수도 없다. 밤이 깊어간다. 밤이 기뻐한다.

　밤을 이기는 것은 불가능하지만, 잠으로 도피할 수는 있다. 깊은 밤, 깊은 잠을 청하면 된다. 깊이에는 깊이로, 밤에는 잠으로 응수하는 것이다. 그러나 깊어지는 것은 밤만이 아니다. 정이 깊어지는 것도, 상처가 깊어지는 것도 밤이다. 어떤 정은 깊어져 애정이 된다. 어떤 상처는 깊을 대로 깊어져 한恨으로 응어리지기도 한다. 겨울이 깊어가고 어둠이 깊어지고 감정도 덩달아 깊숙해져 잠을 방해한다. 밤잠을 설치게 한다. 오늘도 밤의 깊이에 두 손 들고 말았다. 속수무책이다.

  깊은 밤, 잠 못 드는 이들은 순해질 수밖에 없다. 어둠 내린 평원 위에서 잠시 순한 양에 가까워진다.

  한 여자가 있었다. 여자는 내일 아침에 커다란 결정을 내려야 한다. 그 결정으로 인해 인생이 송두리째 변화할 것이라고 확신한다. 여자는 최악의 경우를 떠올린다. 내일모레는 빈털터리 신세로 시작해야 할지도 모른다. 물론 결정이 기회가 되고, 그 기회가 결정적이어서 여자는 하루아침에 성공할 수도 있었다. 그러나 실패할 가능성이 밤하늘이라면 성공할 가능성은 밤하늘에 뜬 별 같았다. 빛나지만 손에 쥐기에는 너무 먼 어떤 것이었다.

여자의 고민이 하염없이 깊어지는데 밤은 자비롭지 않았다. 평소와 똑같이 공평했다. 묵묵하게 깊어가는 밤, 여자는 뜬눈이었다. 고민은 '어떤 결정을 내려야 할까'로 시작되었는데 이제 여자는 그 결정이 가져다줄 후폭풍에 사로잡혀 있었다. 밤말을 들어줄 쥐도 없었다. 수심이 깊어지고 있었다. 여자가 어떤 결정을 내리든, 그것이 여자의 인생에 그다지 큰 영향을 끼치지는 않을 것이다. 얄궂게도 그 사실은 오직 밤만 알았다. 밤은 침묵했다.

그 시간, 남자도 잠을 이루지 못하고 있었다. 살면서 이루지 못한 것들을 헤아리다 보니 분해서 견딜 수가 없었다. 무능한 자신을 쉽사리 용서할 수 없었다. 밤은 크고 남자는 작았다. 밤은 길고 남자는 짧았다. 밤은 무겁고 남자는 가벼웠다. 밤은 넓고 남자는 좁았다. 밤은 깊고 남자는 얕았다. 크기와 길이와 무게와 넓이와 깊이, 그 어떤 영역에서도 밤을 상대하기에는 역부족이었다. 남자는 밤에 압도되었다.

여자와 남자는 머릿속으로 똑같은 생각을 하고 있었다.

밤과 친한 사람은 속이 깊어진다고. 저절로 깊어질 수밖에 없다고. 후회가 속을 파먹으니까. 상념이 속을 타들어가게 만드니까. 속이 텅 비게 되면 자연히 깊이도 깊어질 것이다. 밤의 깊이에 상대할 수는 없을지라도, 한낮에 미처 건네지 못한 마음들이 차곡차곡 쌓일 것 같았다. 결정하고, 잘못된 결정을 내리고, 이루지 못하고, 이루지 못했음에 자책하고…….

어떤 깊은 밤에 여자와 남자는 만날 것이다. 옳은 결정을 내릴 것이다. 이룰 것이다.

깊은 밤, 잠 못 드는 이들은
순해질 수밖에 없다.
어둠 내린 평원 위에서
잠시 순한 양에 가까워진다.

시간은 공평하게 흐르지만,

어떤 시간의 밀도는 지나치게 높다. 밤이다.

그것도 아주 깊은 밤. 너무 깊어서

한 번 빠지면 쉽게 헤어날 수 없는 밤.

진흙처럼 매시 매분 매초 달라붙는 밤.

밤과 친한 사람은 속이 깊어진다고.
저절로 깊어질 수밖에 없다고.
후회가 속을 파먹으니까.
상념이 속을 타들어가게 만드니까.
속이 텅 비게 되면 자연히 깊이도 깊어질 것이다.
밤의 깊이에 상대할 수는 없을지라도,
한낮에 미처 건네지 못한 마음들이
차곡차곡 쌓일 것 같았다.

기
울
다

    해가 기울면 달이 뜬다. 낮이 짧아지면 밤이 길어지는 것처럼. 집으로 가는 걸음이 빨라진다. 어둠을 피해 몸을 옹크린다. 등 떠미는 바람 때문에 몸을 앞으로 기울인 채 걷는다. 귀가 벌게졌을 것이다. 추위에 유독 취약한 부위들이 있다. 따뜻한 곳을 향해 몸이 절로 기운다. 베개를 껴안고 이불 속으로 파고든다. 꿈속으로 기울어진다. 사건도 사고도 갈등도 없는. 눈꺼풀이

파르르 떨린다.

　낮잠을 자고 일어났더니 어느새 밤잠을 청할 시간이 된 적이 있었다. 몰아서 잠을 자겠다고 결심한 사람처럼, 도무지 일어날 마음이 들지 않았다. 몸이 돌덩이 같았다. 이 기회에 밀린 잠을 다 채우겠다고 다짐한 사람처럼 몹시 잠이 고팠다. 마음이 돌문 같았다. 창문을 열어 하늘을 한 번 올려다보고 다시 자리에 누웠다. 일이 아니라 잠 때문에 낮과 밤이 따로 없어지고 만 것이다. 낮이고 밤이고 잠이었다. 하루의 절반 이상을 잠자는 데 할애했다. 모래시계에서 매초 일정한 분량으로 떨어지는 모래알처럼, 잠속으로 스르르 기어 들어갔다.

　기우는 것은 어쩔 수 없는 경우가 많다. 촛불이 한쪽으로 기우는 것은 바람이 불어서다. 기우는 마음을 일으키기 위해 기둥을 세울 수는 없다. 눈을 감거나 등을 돌린다고 해서 해결되는 것도 아니다. 물리적인 거리가 멀어져도 심리적인 거리는 한없이 좁혀질지도 모른다.

해가 기우는 것은 밤이 가까워졌다는 것이고 집안이 기우는 것을 막을 방도는 마땅치 않아 보인다. 자연의 이치 앞에서는 절로 고개가 숙여지고 인간은 자신의 선택에 대한 대가를 번번이 치러야 한다. 그렇게 생의 기울기는 가팔라진다.

  하루의 마지막이 좋은 생각으로 기울면 좋은데, 각종 '못다'가 그 자리를 차지하는 경우가 많다. 못다 한 말, 못다 한 사랑, 못다 읽은 책, 못다 이룬 꿈, 못다 한 이야기…… 달도 차면 기운다는데, 오늘 뜬 달은 이미 날렵한 초승달이었다. 오늘도 역시나 한발 늦게 기울고 말았다. 못다 핀 꽃 한 송이처럼.

  한 사람과 한 사람이 만난다. 커피를 두 잔 시켜놓고 마주 앉았다. 찻잔에서 김이 모락모락 피어오른다. 아무도 잔을 들어 그것을 입에 가져다 댈 엄두를 내지 못한다. 입을 여는 순간, 말해야 할 것 같아서. 어색한 분위기를 깨기 위해 하는 말은 허방을 짚을 가능성이

크다. 두 사람 다 그것을 잘 알고 있다. 그렇다고 마냥 가만있을 수만은 없다. 말하지 않으면 상대가 의심할 것이다. 소싯적에 잘못한 일을 들추어낼지도 모른다. 언성이 높아지면 찻잔에 파문이 일 것이다. 커피는 식어가는데 누구도 선뜻 잔을 들지 않는다. 공기가 팽팽해진다.

  둘 중 한 사람의 입안에서는 어떤 말이 계속 맴돌고 있다. 그 말을 찻잔에 올려두면 팽글팽글 돌 게 분명하다. 지난 며칠 사이, 속으로 몇백 번을 연습한 어떤 질문이다. 거울을 보고 표정을 지어보기도 했었다. 그는 다짐하듯 속삭였다. 최대한 부드러워야 해. 이미 그 시간으로부터 한참을 지나왔잖아. 더없이 여유로워야 해. 보란 듯이 냉정해야 해. 그러나 의식하는 순간, 자연스러움은 번번이 사라지고 말았다. 열 번 중 예닐곱 번은 말이 날카롭게 튀어 나갔다. 마음을 진정시키기 위해 심호흡을 한다. 심호흡하는 것을 들키지 않기 위해 천장에 걸린 샹들리에를 한동안 물끄러미 바라보았다.

다른 한 사람은 묵묵부답이다. 그는 어떤 질문이 나올지 예상하고 있었다. 어떤 형용사와 동사가 쓰일지 확신할 수 없지만, 부사는 분명 쓰일 것이다. '왜'라는 부사가 문장의 어딘가에 돌부리처럼 박혀 있을 것이다. 그의 머릿속에 각종 '왜'가 펼쳐진다. '왜 그랬어?' '대체 왜 떠났어?'…… 갑자기 눈시울이 뜨거워진다. 공기는 가까스로 평형을 유지하고 있다. 심호흡을 마친 사람이 눈시울이 뜨거워진 사람을 보고 놀라 묻는다. "왜?" 마침내 균형이 깨졌다.

대화를 하다가 영화를 보다가 책을 읽다가 음악을 듣다가 바다를 보다가 갑자기 눈물을 흘린 적이 있다면, 당신은 기운 것이다. 기울고 만 것이다. 마음결을 비집고 파도가 스며들면 기울지 않을 도리가 없다.

하루의 마지막이 좋은 생각으로 기울면 좋은데,

각종 '못다'가 그 자리를 차지하는 경우가 많다.

못다 한 말, 못다 한 사랑, 못다 읽은 책,

못다 이룬 꿈, 못다 한 이야기……

달도 차면 기운다는데,

오늘 뜬 달은 이미 날렵한 초승달이었다.

오늘도 역시나 한발 늦게 기울고 말았다.

못다 핀 꽃 한 송이처럼.

대화를 하다가 영화를 보다가
책을 읽다가 음악을 듣다가
바다를 보다가 갑자기
눈물을 흘린 적이 있다면,
당신은 기운 것이다.
기울고 만 것이다.
마음결을 비집고 파도가 스며들면
기울지 않을 도리가 없다.

서성이다

'머물다'라는 말에는 정착하겠다는 마음이 담겨 있다.
그러나 이 마음은 의지까지 가닿는 데 번번이 실패한다.
"언제까지 머물 예정이야?"라는 물음에는 상대가
언제든 떠날 수 있음을 인정하는 체념이 담겨 있다. "잠시
머물려고 왔어요"라고 답하는 사람은 벌써부터 떠날
채비로 바쁘다. 지금은 있지만, 곧 없을지도 모른다는 것.
있되, 언제까지고 있지는 않겠다는 것. 가능성은 어느

쪽으로든 열려 있다. 무엇에도 완전히 적응하지 못하는 사람, 어디에도 완벽히 속하지 못하는 사람은 이제 서성이기 시작한다.

머무름은 보통 일시적이고, '머물기'가 '살기'가 되기는 힘들다. 어제를 살지 않고 오늘만 사는 것은 불가능하기 때문이다. 우리가 기억하는 것은 대부분 순간이지만, 시간이 없었다면 그 순간은 빛날 수 없었을 것이다. 그래서 머무름은 노상 평온과 불안 사이에 있다. 여기와 거기 사이에 비뚜름하게 있다. 서성이는 사람은 여기서도 거기를 꿈꾼다. 거기가 어디인지도 모르면서 여기를 벗어나려고 한다. 서성이는 것은 고민하고 있다는 것, 상상하고 있다는 것이다. 자리를 옮겨가며 꿈꾸고 있다는 것이다. 서성이는 사람은 늘 '있음'과 '있었음' 사이에 있다.

떠날 수 있다는 가능성은, 떠날지도 모른다는 불안감이 된다. 머무는 사람이 몸을 일으킬 때마다 그와 함께 있는 이는 심신을 들썩인다. 혹시 지금일까? 그의 걸음걸음이 서성임을 이룰 때, 그림자는 함께 오락가락한다. 행여 떠나려고 마음먹은 것일까? 손으로 턱을 괴거나 발끝으로 땅을 툭툭 치기라도 하면 긴장은 극에 달한다. 때가 되었다는 생각을 하려는 찰나, 서성임은 말줄임표처럼 이어진다. 일정하지 않은 보폭, 땅이 움푹 팬 자국, 미세하게 떨리는 그림자…… 양미간에 주름이 잡힌다. 머무름은 언제고 끝날 것이다. 그게 지금이어도 이상하지 않다. 서성이는 사람 주변은 긴장으로 가득 차 있다.

 머무름이 끝났다. 떠나는 자도, 남은 자도 앞을 보고 있다. 지평선과 뒤통수, 보이는 게 다를 뿐이다.

 사람들은 그에게 불안해 보인다고 말했다. 그가 침울해 있을 때마다 불안 증세에 좋은 약이나 명상법을 일러주기도 했다. 그가 웃을 때마다 밝은 척하느라 힘들겠다고 안쓰러운 표정을 지었다. 그는 스스로가 불안하다고 단 한 번도 생각한 적 없었으나, 저 말들이 쌓이고 쌓여 그를 불안하게 만들었다. 그는 불안한 사람처럼 보일까 불안했다. 거울을 보고 표정 연습을 했다. 누군가를 만났을 때 어떤 상황이 펼쳐질지 머릿속으로 그려보기도 했다. '이래도 불안해 보일까?' 자문하며 씩 웃었는데 그 웃음은 더없이 불안해 보였다. 떨어질 듯 떨어지지 않는 입술 혹은 발걸음 같았다.

그에게 생활은 나에게서 달아났다가 나에게로 돌아오는 과정과도 같았다. 침울하게 보이지 않으려고 쾌활한 농담을 던졌을 때, 잠시 환한 빛이 들이치는 순간이 있었다. 그것은 자연스러움을 벗어나는 데서 찾아오는 쾌감 같았다. "무슨 일 있어?" 평소와는 다른 그를 보고 상대가 물었다. 그는 금세 불안해지고 말았다. 달아났다가도 금세 돌아올 수밖에 없었다. 서성임이 중단된 적은 없었다. 다른 세계를 꿈꿀 때조차 그는 이 세계에 있었다.

그는 이때껏 자신이 편하게 생각했던 공간을 하나둘

떠올렸다. 첫새벽 골목길, 텅 빈 운동장, 한겨울 해변, 산어귀와 강어귀, 아무도 밟지 않은 모래벌판…… 뭔가가 시작되는 곳이었다. 아무도 찾지 않는 곳, 아무것도 없는 곳이었다. 첫머리여서, 경계여서 혼자서 선뜻 들어서기 어려운 곳이기도 했다. 그곳에 있을 때 그는 평온했다. 터벅터벅 걸었다. 서성서성 기웃거렸다. 무엇을 발견하려는 것도 아니고 어디에 도착하겠다는 의지도 없었다. 그는 잠깐 동안이라도 자기 자신이고 싶었다.

    서성임은 갈팡질팡함과는 다르다. 목적이 불분명하기 때문이다. 허겁지겁함과도 다르다. 시간에 쫓기는 것이 아니기 때문이다. 몰라서, 알고 싶어서 서성임은 계속될 것이다.
    말줄임표가 마침내 마침표를 만날 때까지, 서성이는 사람은 늘 도중에 있다.

말줄임표가 마침내 마침표를 만날 때까지,
서성이는 사람은 늘 도중에 있다.

서성이는 사람은 여기서도 거기를 꿈꾼다.

거기가 어디인지도 모르면서 여기를 벗어나려고 한다.

서성이는 것은 고민하고 있다는 것,

상상하고 있다는 것이다.

자리를 옮겨가며 꿈꾸고 있다는 것이다.

서성이는 사람은 늘 '있음'과 '있었음' 사이에 있다.

머무름이 끝났다.

떠나는 자도, 남은 자도 앞을 보고 있다.

지평선과 뒤통수, 보이는 게 다를 뿐이다.

두
근
거
리
다

"잠이 안 와?" 엄마가 나에게 묻는다. 나는 멀뚱멀뚱 천장을 쳐다보고 있다. 밤이 와서 그랬는지, 잠이 와서 그랬는지 자리에 누웠는데 정신이 점점 명료해지고 있었다. "잠이 갔나 봐." 대답하고 씩 웃는다. 웃음은 순도가 낮다. 웃음 한가운데에 떡하니 걱정이 자리하고 있기 때문이다. "비 안 올 거야. 걱정하지 말고 자." 엄마는 내 머리 꼭대기에 앉아 있음이 분명하다. 내가 좋아하는 사람에게 간파당할 때가 좋다.

    내일, 아니 오늘은 소풍 가는 날이다. 즐거운 날인데 왜 긴장이 되는 것일까. 시험 전날처럼 가슴이 콩닥콩닥 뛴다. 옆에서 쿨쿨 자는 형이 괜히 얄밉다. 형은 열 살이고 나는 아홉 살이다. 그 말인즉슨, 형은 나보다 소풍을 두 번이나 더 많이 다녀왔다는 얘기다. 잠자는 형의 얼굴을 물끄러미 바라본다. 나도 내년에는 형처럼 소풍 전날에 편안해질 수 있을까? 지난 봄 소풍 때는 갑자기 비가 쏟아졌다. 신문에서 본 일기예보에 '흐림'이란 글자를 봤을 때부터 두근거렸었다. '혹시'가 '역시'가 되는 일을 난생처음 겪은 날이기도 했다.

    두근거림에는 설렘과 걱정이 반반씩 들어 있는 경우가 많았다. 중학교 입학식 전날, 나는 중학생이 된다는 설렘과 중학교에 잘 적응할 수 있을까 하는 걱정 때문에 밤잠을 설쳤다. 그 틈을 비집고 초등학교 친구들에 대한 그리움이 물밀 듯 차오르기 시작했다. 교복을 처음 입었을 때에는 다른 세계에 발 들이는 것 같은 기분에 흥분했지만, 알고 보니 그것은 맞지 않은 옷을 입었을 때 느끼는 불편함이었다.

어른이 되어도 두근거림은 쉬 잦아들지 않았다. 중요한 전날 밤이 많아졌고 다음 날 아침에는 늘 눈이 퀭했다. 머릿속으로 시뮬레이션을 해보지만 상상 속에서도 종종 실수를 하고 말았다. 나는 항상 두근거렸다. 그것은 어떤 순간에 비집고 들어가는 것이었다. 순간 위에서 갈팡질팡하거나 안절부절못하는 게 아니라 내가 그 순간을 관통하고 있다고 느끼는 것이었다.

가슴이 뛰는 것은 그런 것이다. '삶'이 '살아 있음'이 되는 것.

"무슨 생각 해?" A가 B에게 묻는다. A는 잠시 당황한다. 아무 생각도 하지 않고 있었기 때문이다. 그저 가만있었을 뿐인데, 그것이 B에게는 생각에 골몰한 것으로 보였던 모양이다. 그러나 "그냥 잠시 멍해 있었어"라거나 "아무 생각 안 했는데?"라고 답할 수는 없다. 무성의하거나 불친절하게 느껴질 것 같아서가 아니다. 운 좋게 찾아온 이 순간을 흘려 넘길 수 없어서다. 어떤 대답을 하느냐에 따라 A는 싱거운 사람이 될 수도, 신비로운 사람이 될 수도 있었다. A가 뜸을 들이는 사이, B는 슬그머니 웃는다. 적어도 A가 자기를 생각하고 있지는 않았음이 명확하다. 저 표정은 함께 있을 때조차 상대가 궁금한 얼굴이 아니니까.

    B는 생각에 잠긴다. 약간의 생활 소음과 상대방의 침묵은 생각에 빠져들기 최적의 조건이다. 1년 전 오늘을 떠올리다 2년, 3년…… 마침내 10년 전 오늘에 가닿는 데 성공한다. 그때 B는 첫사랑에 빠져 있었다. 면접을 앞둔 것처럼 종일 가슴이 뛰었다. 눈을 뜨고 있을 땐 상대가 앞에 없다는 사실에 절망했다. 눈을 감고 있을 땐 상대가 눈앞에 아른거려 정신을 차릴 수 없었다. 그러나 정작 상대를 만나게 되면 B는 아무 말도 할 수 없었다. 상대는 B와는 달리 느긋하리만치 침착했다. 평정심과

두근거리는 마음은 삐걱대기 시작했다.

  B는 상대를 만날 때마다 자잘한 실수를 했다. 컵을 떨어뜨리고 가방에 든 물건을 쏟았다. 그때마다 몸에서 영혼이 조금씩 빠져나가는 것 같았다. 조급해 보이는 B와 달리, 상대는 여유로웠다. B가 실수할 때 눈썹 하나 꿈쩍하지 않았다. B는 상대가 견디기 힘들었다. 요동하는 가슴이 진정될 기미가 보이지 않았다. B의 심장과 상대의 심장은 다르게 뛰었다. 한 번도 같은 박자로 약동한 적이 없었다. 어느 날 B는 상대를 만나도 더 이상 두근거리지 않았다.

  "우리의 1년 뒤를 생각하고 있었어. 어디에 있을지, 무엇을 할지. 여전히 행복할지." A가 입을 뗐다. 한참 늦은 대답이었다. B는 그 말에 깃든 신중함이 이상하게 마음에 들었다. 어쩌면 이 사람과는 심장을 포갤 수도 있겠다고 생각했다. 가슴속 불씨가 아직 살아 있었다.

어쩌면 이 사람라는
심장을 포낼 수도 있겠다고 생각했었다.
가슴속 불씨가 아직 살아 있었다.

나는 항상 두근거렸다.
그것은 어떤 순간에 비집고 들어가는 것이었다.
순간 위에서 갈팡질팡하거나
안절부절못하는 게 아니라
내가 그 순간을 관통하고 있다고 느끼는 것이었다.

가슴이 뛰는 것은 그런 것이다.
'삶'이 '살아 있음'이 되는 것.

넋
치
다

소낙비가 내리는 밤이었다. 후드득 쏟아지던 소리가 퍼붓는 굉음으로 바뀌었다. 이불을 뒤집어쓴 채 100에서 1까지 거꾸로 세는 어린아이가 있었다. 눈에는 그렁그렁 눈물이 맺혀 있었다. 감정은 넘치기 일보 직전이었다. 슬픔인지 무서움인지 안타까움인지, 그 감정을 설명할 수 없어 막막한 밤이었다. 표면장력으로 동그랗게 오므라든 눈물방울은 가히 위태로워 보였다. 맺힌 것이 맥없이 넘쳐흘렀다.

　아이는 자랄 때까지 그 밤을 잊지 못한다. 아마 죽을 때까지 잊지 못할 것이다. 바람에 창문이 흔들리고 창밖 너머로 보이는 가로등이 아슬아슬하게 껌벅일 때, 아이는 혼자였다. 혼자라고 느꼈다. 한방에 있는 식구들은 너무도 평온하게 잠들어 있었다. 비가 이토록 무섭게 내리는데도 세상모르게 자고 있는 식구들이 낯설었다. 앞으로는 혼자 있는 시간이 더 많아질 거야…… 창문에 대고 속삭이는 바람 앞에서 오싹해졌다.

　'넘쳐흐르다'와 '흘러넘치다'는 사전적으로는 같은 뜻이지만, 아이가 받아들이기에 그 둘의 의미는 완전히 달랐다. 넘치는 게 먼저냐, 흐르는 게 먼저냐에 따라 감정의 종착지는 달라졌다. 흘러넘칠 때에는 감정이 어디에 도달할지 예상할 수 있었지만, 넘쳐흐를 때에는 감정의 향방을 도무지 가늠할 수 없었다. 언제 넘칠지 알지 못했기 때문이다. 그것은 안에서 일어나는 폭발이었고, 그 폭발을 제어할 수 없다는 점에서

무기력을 동반했다. 그런 날에는 가슴속 가로등의
필라멘트가 툭, 끊어졌다.

　아이는 자라면서 몰랐던 비의 이름을 하나씩 배웠다.
소낙비와 집중호우의 차이에 대해서도 어렴풋이 알게
되었다. 빗방울의 굵기, 지형적인 영향, 내리는 시간의
길이에 따라 비는 자신만의 이름을 갖게 되었다.
안개비와 장대비의 거리가 먼 것처럼, 먹구름의 사연
또한 그날그날의 깊이가 달랐다.

　바람의 예언대로 혼자 있는 시간이 길어졌고, 아이는
물소리에 예민한 어른으로 자라났다.

　면접을 마치고 나올 때 그의 다리가 후들거렸다.
고개 숙여 첫인사를 했던 기억 말고는 떠오르는 게
없었다. 날카로운 질문이 날아들 땐 온몸을 수그렸다.
무례한 질문을 받았을 때에는 뒷걸음질을 치기도
했다. 어느 순간, 그는 발가벗고 있는 기분이 들었다.
빗속을 달음박질하는 아이의 모습이 떠오르기도

했다. 자신이었다. 집에 가서 따뜻한 물로 샤워를 하면 괜찮아질 거야…… 자기최면을 걸기에 면접장 안의 공기는 너무나도 팽팽했다. 언제 넘칠지 알 수 없는 상황이었다.

 견딜 수 없을 것 같을 때마다 그는 넘치는 것을 상상했다. 댐에 가둔 물이 범람하는 장면은 떠올릴 때마다 아뜩했다. 넘치지 않았다면 물 또한 결코 바깥세상을 볼 수 없었을 것이다. 그것은 물의 입장에서는 해방이지 않을까. 스스로 길을 내며 흘러가는 물을 떠올리면 잠깐이나마 차분해질 수 있었다. 차라리 넘쳐버렸으면 좋겠다고 생각한 적도 여러 번이었다. 체념의 늪에 빠져 있을지언정 적어도 조마조마하지는 않을 것이다. 그때마다 분노가 분수처럼 솟구쳤다. 조금만 더 힘차게 솟아오르면 넘칠 수도 있을 것 같았다.

 "스스로를 너무 옥죄고 있는 것 같아요." 상담사가 그에게 했던 말이 하루에도 몇 번씩 떠올랐다. 너무 꽉 잠긴 나머지, 다시 틀기 힘들어진 수도꼭지가 머릿속에 그려졌다. 멀리서 고삐 풀린 망아지가 날뛰고 있었다. 그가 보기에는 더할 나위 없이 자유로워 보였다. 반면 그는 넘치기 직전에서 번번이 일을 그만두었다. 학업도, 연애도 마찬가지였다. 넘쳐버리고 나면 스스로를 통제할 수 없을 것 같았다. 관계를 그르치지 않기 위해, 자신의 능력 없음에 좌절하지 않기 위해 그는 결정적인 순간에 발을 뺐다. 그것만이 자신을 지켜줄 수 있을 거라고 믿었다.

비가 내리는 날이면 그는 꼭 우산을 샀다. 우산을 쓰고 있어도 새 우산을 샀다. 장마 기간에는 한 달 사이 스무 개가 넘는 우산이 쌓였다. 누군가에게 주기 위해서가 아니었다. 어린 시절의 자신에게 씌워주고 싶어서였다. 늦었지만 아이에게 널 응원하는 사람이 있다고 알려주고 싶었다.

혼자여도 괜찮다고, 넘치지 않을 만큼만 슬픔을 품고 있자고.

혼자여도 괜찮다고,
넘치지 않을 만큼만 슬픔을 품고 있자고.

흘러넘칠 때에는 감정이 어디에 도달할지
예상할 수 있었지만,
넘쳐흐를 때에는 감정의 향방을
도무지 가늠할 수 없었다.
언제 넘칠지 알지 못했기 때문이다.
그것은 안에서 일어나는 폭발이었고,
그 폭발을 제어할 수 없다는 점에서
무기력을 동반했다.
그런 날에는 가슴속 가로등의 필라멘트가
툭, 끊어졌다.

흐
느
끼
다

집 근처 공원에서 누군가 울고 있었다. 한밤이었다. 두 손으로 얼굴을 감싼 채였다. 가로등 아래 벤치가 있어 실로 다행이었다. 몸을 기댈 데가 없으면 금방이라도 고꾸라질 만큼 격정적인 울음이었다. 밤 산책을 하던 나는 살금살금 그 자리를 지나쳤다. 모른 척하는 게 필요한 순간이었다. 경쾌했던 발걸음도 일순 차분해졌다. 모퉁이를 돌아 큰길로 나갔다. 심호흡을 몇 번 하고 나니 오늘의 나들이는 여기까지임을 직감할 수 있었다.

밤에 우는 사람을 가리켜 사연 있는 것처럼 보인다고 말한 이가 있었다. 밤에 울든, 낮에 울든 사연은 있을 거라고 쏘아붙이고 싶었다. 울지 않는 사람은 사연이 없는 것일까. 울음을 참을 수밖에 없는 이의 속은 분명 새까말 것이다. 울음이 터져 나오기 직전까지의 시간을 떠올리니 아뜩했다. 낮 동안 여기저기서 감정을 긁히고 돌아와 한밤중에 거울을 보며 우는 사람이 머릿속에 그려졌다. 흐느끼는 내 모습을, 나만 봐서 다행이라고 생각하며 울고 있었다.

밤의 울음은 흐느낌에 가깝다. 울 때 흑흑 소리가 나곤 하는데, 이는 마치 "검다, 검어!" "검디검구나!"처럼 들린다. 흑흑은 흑과 흑이 되고, 두 번의 검음으로 눈앞에 펼쳐진다. 감정이 오므라들어 검정이 되는 것이다. 그러므로 흐느낌은 맺힐 대로 맺힌 감정이 비어진 틈을 비집고 새어 나오는 것이다. 맺힐 대로 맺혔기에 빽빽할 수밖에 없다. 목이 멜 정도로 흑흑 소리를 내며 우는 사람이 있고 안간힘을 다해 소리 죽여 흐느끼는 사람도 있다. 흐느낀다는 것은 촘촘한 체에 감정을 거르는 일이다. 한바탕 흐느끼고 나면 온몸의 진이 다 빠진다.

    흐느낌에는 '느끼다'와 '늘키다'의 의미가 모두 담겨 있다. 느낀다는 것은 깨닫는다는 것이다. 늘킨다는 것은 꿀꺽꿀꺽 참는다는 것이다. 깨달음과 참음이 번갈아 목울대를 적신다. 흐느끼는 사람은 파도 위에 서 있는 사람이다. 파도가 덮치기 전에 흐느낌을 끝내야 한다. 어떻게든 서러움을 잦아들게 해야 한다.

    흐느끼던 사람이 결심한 듯 벤치에서 일어섰다. 파도가 잠잠해졌다.

    어느 날, 대도시에서 한 친구가 전학을 왔다. 그 친구에게 아무도 말을 걸지 않았다. 친구라고 지칭하면서도 그 누구도 선뜻 말을 걸지 않았다. 용모가 단정한 친구였다. 교복의 주름이 빳빳했다. 그것이 말을 거는 데 장해물이 되었을까? 있는 듯 없는 듯 존재감이 희미한 친구도 아니었다. 친구들은 쉬는 시간마다 그 친구 쪽으로 눈길을 돌렸다. 그의 안위를 확인하기라도 할 것처럼, 여차하면 그에게 다가갈 것처럼. 우호적이지도, 적대적이지도 않았던 눈빛들이 있었다. 그것은 먼 산이나 수평선을 바라볼 때 짓곤 하는 표정이었다.

일주일이 흘렀다. 친구는 그사이 학교에 어느 정도 적응한 듯 보였다. 수업 시간에 꾸벅꾸벅 졸기도 하고 청소 시간에 바지런히 비질을 하기도 했다. 그러나 다문 입이 쉬 열리지는 않았다. 점심시간에도, 체육 시간에도 늘 혼자였다. 점심을 먹다 창밖을 망연히 내다보기도 했다. 누군가를 기다리는 사람처럼 보였다. 체육 시간에는 그늘에 걸터앉아 상념에 잠겼다. 농구나 축구를 잘했다면 아이들과 금세 친해질 수 있었을 것이다.
"서울에서 와서 몸에 흙먼지 안 묻히고 싶은가 보지."
아이들이 수군거렸다.

야간 자율 학습이 끝나고 집에 돌아가는 길이었다.

저 멀리 친구가 보였다. 발끝으로 땅을 툭툭 차며 걷고 있었다. 멀리서 봐도 비틀비틀하는 게 느껴졌다. 이상한 느낌이 들어 전력으로 질주했다. "무슨 일 있어?" 묻고 나서 올려다본 친구의 얼굴은 눈물범벅이었다. 왜 우는지 차마 물을 수도 없었다. 온몸으로 흐느끼고 있었기 때문이다. 두 눈과 두 다리에 힘이 풀려 있었다. 우리는 함께 주저앉았다.

   그는 견디고 있었던 것이다. 다문 입을 드디어 열고 밤길에 울음을 뱉고 있었던 것이다. 꺼이꺼이 울 때조차 혼자였던 것이다. 비로소 혼자여서 우는 사람이 있고 혼자라서 울 수밖에 없는 사람이 있다. 혼자의 사연은 함께일 때 몸집을 키운다. 그를 따라서 어느새 나도 흐느끼고 있었다. 검디검은 밤, 흑과 흑이 만나 흑흑이 되고 있었다.

낮 동안 억까씨에서 감정을 억누리고 돌아와
한밤중에 거울을 보며 우는 사람이 머릿속에 그려졌다.
흐느끼는 내 모습을,
나만 봐서 다행이라고 생각하며 울고 있었다.

비로소 혼자여서 우는 사람이 있고
혼자라서 울 수밖에 없는 사람이 있다.
혼자의 사연은 함께일 때 몸집을 키운다.
그를 따라서 어느새 나도 흐느끼고 있었다.
검디검은 밤, 흑과 흑이 만나 흑흑이 되고 있었다.

달
뜨
다

"우리 밤마실 갈까?" 그가 묻는다. "요새 누가
마실이라는 표현을 써?" 심드렁하게 대답하지만, 실은
'밤마실'이라는 단어에 마음이 움직이고 있다. 몸의
일부는 바깥으로 향한 채다. 머릿속으로는 이미 겉옷을
챙겨 입고 신발을 꿰어 신고 있다. "그럼 밤마실 한번
가볼까?" 늘어지게 기지개를 켜며 말하자 그가 웃는다.
아침 마실이나 낮 마실은 없지만 밤마실이 있다는 것을

알았던 날, 나는 밤의 신비에 또 한 번 놀랐었다. 마실은 이웃에 놀러 다니는 일을 뜻하는데, 이것을 굳이 밤에 할 필요가 있을까 했던 것이다. 밤은 위험한 시간이기도 하니까. 달리 말하면 흔하지 않으니까, 특별하니까. 밤마실이라는 단어도 그렇게 생겨났을 것이다.

    얼마 전, 춘분이 지났다. 추분이 올 때까지 밤이 점점 짧아질 것이다. 그사이 찾아오는 하지에는 한밤중에도 어떤 밝기를 느낄 수 있을 것이다. 할 수 있을 때, 충분히 밤마실을 해야 한다. 어느새 나는 대문을 나서고 있었다. "밤마실 가려고 대낮부터 작정한 스피든데?" 놀림조로 말하는 그가 밉지 않다. 동시에 그가 있어서 무섭지 않았다. 밤바람이 불어와 팔뚝에 오소소 소름이 돋았다. 아직 일교차가 커서 밤에는 몸을 옹크릴 수밖에 없다. "팔짱 끼기에도 좋은 날씬데?" 그가 잽싸게 나의 팔에 자신의 팔을 건다. 달은 하나고 우리는 둘이다. 어김없이 달이 뜬 밤, 달뜬 둘이 그림자를 늘어뜨린 채 걷기 시작한다.

동네 뒤편에 있는 언덕에 올라 아래를 내려다본다.
"이상하지 않아? 동네 앞쪽에 언덕이 있다고는 안
하잖아." 그가 들뜬 목소리로 대답한다. "배산임수 몰라?
누구나 산을 집 뒤에 두고 싶은 거라고. 커다란 병풍처럼
든든하니까." 실없는 소리가 필요한 시점이었다. "나중에
저런 집에서 살고 싶다." 손가락으로 어딘가를 가리키며
그가 말한다. 언덕에서 내려다본 도시의 야경은 불빛으로
그린 점묘화 같았다. 저런 집이 내 눈에는 보이지 않는다.
큰 집, 넓은 집, 높은 집, 전망이 좋은 집, 정원이 딸린
집…… 그의 머릿속에 있는 저런 집은 어떤 집일까.

달뜬 채로 나갔다가 애달픈 상태가 되어 돌아왔다.
달을 뒤로한 채였다.

별이 뜨지 않는 밤은 적요하다. 까만 밤하늘에
자신만의 별자리를 그려보기도 한다. 그러나 달이 뜨지
않는 밤이라면? 사람들은 이내 초조해지고 말 것이다.
달은 해와 마찬가지로 1년 365일 하늘에 떠 있어야

하는 것이다. 묵묵히 우리를 이끄는 이정표처럼, 문득 하늘을 올려다봤을 때 여기가 지구라는 걸 확인시켜주는 증표처럼. 그래서 밤에 외출했을 때 달이 보이지 않으면 불안하다. 있어야 할 것이 있지 않을 때, 있음은 있지 않음으로 스스로를 더욱 강력하게 증명하는 것이다. 열에 달뜬 눈으로 자꾸만 하늘을 우러를 수밖에 없다.

 스마트폰 조명으로 어둠을 물리치기 전, 가로등이라는 인공 달이 거리에 수놓아지기 전, 사람들은 초롱을 들고 밤거리를 이동했을 것이다. 마음이 가라앉지 않아 걸음은 점점 빨라졌을 것이다. 애달픈 목소리로 그가 입을 연다. "19세기 말, 서울 밤거리는 여성들의 무대였다고 해. 남성들이 밤에 다니면 꼭 사고가 발생하기 때문에 통행을 금지했대." 그때도 달은 매일매일 묵묵히 뜨고 졌을 것이다. 달뜬 마음은 방 안에서 부풀거나 길 위에서 특유의 무늬를 만들었을 것이다. "위험한 시간은 없는 거네. 위험한 사람이 있는 거지." 나의 마음은 아직 바깥에 있다. 달뜬 마음이 가라앉아도 약간의 흥분은 남는다. 미온수에 손을 담그고 있는 것처럼, 시간이 천천히 뭉근하게 흐른다.

"아까 말한 '저런 집' 있잖아. 어떤 집이었어?" 그가 달그림자처럼 희미하게 웃는다. "모르겠어. 여기가 아니면 좀 나을 것 같았지. 여기만 아니면." 밤마실을 할 때 들썽거리던 마음이 글썽거리는 눈물로 변할 것 같았다. "달뜬 상태는 다른 어떤 것을 하지 못하게 하는 것 같아. 꿈꿀 때 그런 것처럼. 시간이 흐르는 속도와 내가 상상하고 욕망하는 속도가 다른 거지." 우리는 밤마실의 여파에 시달리고 있었다. 동네 뒤편에 언덕이 있어 그나마 다행이었다.

그날부터 밤만 되면 감정이 차올라 견딜 수가 없었다. 방 안에서 달뜨는 밤이 이어졌다. 하늘에서도 달이 뜨는 밤이었다. 몸은 집에 있는데도 마음은 늘 마실을 나온 것 같았다.

잃어야 할 것이 있지 않을 때,
있음은 있지 않음으로
스스로를 더욱 강렬하게 증명하는 것이다.

달은 하나고 우리는 둘이다.
어김없이 달이 뜬 밤, 달뜬 둘이 그림자를
늘어뜨린 채 걷기 시작한다.

밤만 되면 감정이 차올라 견딜 수가 없었다.
방 안에서 달뜨는 밤이 이어졌다.
하늘에서도 달이 뜨는 밤이었다.
몸은 집에 있는데도
마음은 늘 마실을 나온 것 같았다.

무
르
다

 J는 잠을 청하기 위해 이불 속으로 미끄러져 들어가는 순간을 좋아했다. 단순히 좋아한다고 말하기에는 그 정도가 지나쳤다. 출근하기 전 마지막으로 점검하는 곳 또한 침대 위였다. 한 치의 흐트러짐도 없어야 했다. 이불 끝이 가지런한지 꼼꼼히 살핀 후, 섬유 탈취제의 냄새가 곳곳에 배어 있는지 코를 킁킁거렸다. 출근 전부터 퇴근을 생각하는 많은 직장인들이 있겠지만, 그는 침대

위에 눕는 장면을 구체적으로 상상했다. 퇴근 후 샤워를 하고 맥주나 와인을 한 잔 마신 후, 오늘의 남은 시간을 자신을 향해 끌어당기는 것이다. 끌어당긴다고 생각하며 그는 머릿속으로 고무줄이나 동아줄을 힘껏 잡아당기고 있었다.

이불 속으로 미끄러지는 일은 하루의 의식 중 가장 중요한 것이었다. 이불 속으로 미끄러질 때 약간이라도 불편함이나 불쾌함이 느껴지는 날에는 어김없이 잠을 설쳤다. 숙면을 취하기 위해서라도 신경을 쓰지 않을 수 없었다. 그의 업무는 종일 컴퓨터 앞에 앉아 숫자를 들여다보는 일이었다. 엄청 복잡한 연산 작업을 수행한 것은 아니었다. 회사에서 출고하는 제품 옆의 일련번호를 체크하는 일이었다. 일의 특성상 야근은 거의 없었지만, 화장실 갈 때를 제외하곤 상체를 구부린 채 모니터를 빤히 응시해야 했다. 살면서 단순하기 짝이 없다고 생각했던 숫자가 그를 웃게도, 울게도 만들었다.

단감으로 출근했지만 홍시로 퇴근하는 날이 늘었다. 일

처리가 무르다고 혼나는 횟수도 덩달아 늘었다. 숫자가 홀로그램처럼 보이던 날, 그는 반차를 쓰고 이르게 퇴근했다. 컴퓨터를 끌 때 점검되지 않은 숫자들이 아우성치는 소리가 들리는 것 같았다. 그는 무른 반죽이 냉장고에서 딱딱하게 굳어가는 장면을 상상했다. 색다른 무언가를 흡수해서 변화하는 일은 요원해 보였다. 틀에 맞춰 빵을 찍어내는 일을 평생 해야 할 듯싶었다.

    J는 집에 와서 씻지도 않고 이불 속으로 기어 들어갔다. 곰곰 생각해보니 누울 때마다 그가 느끼는 것은 편안함이 아니었다. 온종일 얼마나 경직되어 있었는지를 깨닫는 차가움이었다.

    소년은 밤마다 무서웠다. 오늘이 지나면 내일이 온다는 게 두려웠다. 내일이 되어도 변하는 건 별로 없을 것이다. 여전히 하늘은 맑고 학교와 학원에서는 어김없이 수업이 펼쳐질 것이다. 운동화를 구겨 신으면 혼날 것이고 급식 잔반은 한데 싹싹 긁어모아 버려야 할 것이다. 무서운

어른으로부터 물러터졌다는 말을 들을지도 모른다. 사람이 그렇게 무르면 이용만 당할 거라고 엄포를 놓는 이도 있었다. 아직 오늘이 가지도 않았고 새로운 오늘이 오지도 않았는데, 그는 어디에도 속하지 못한 상태로 서성이는 중이었다.

   그리고 친구들. 학교와 학원에는 소년을 괴롭히는 아이들이 있었다. 그들을 친구라고 부를 수 있을까? 친구라고 불러도 될까? 주눅 들게 하고 눈치 보게 만드는 그들을? 웃으며 다가왔다가 무방비 상태일 때 송곳으로 온몸을 찔러대는 그들을? 소년은 그들이 잘해주려고 할 때가 가장 무서웠다. 잘해준 만큼의 괴롭힘이 예정되어 있었기 때문이다. 무른 살과 무른 뼈보다 더 무른 것은 그의 마음이었다. 어른들이 입버릇처럼 내뱉곤 하는 '이 험한 세상'을, 그는 살아갈 자신이 없었다. 이제 고작 열다섯 살이었다.

   이 학교에 입학한 것을, 이 동네로 이사 온 것을, 아예 태어난 것을 무르고 싶어질 때가 있었다. 비 온 뒤의 땅을 걷는 것처럼 사는 것은 발이 푹푹 빠지는 경험이었다.
그는 이 시간이 얼른 흘러가버렸으면 좋겠다고 생각했다.
어른이 되면 아무도 자신을 알지 못하는 곳에서 살고
싶었다. 도저히 이해할 수 없는 것은 죽을 때까지
그대로 남겨두고 싶었다. 무른 것은 훼손되기 쉽지만,
단단한 것은 쉽게 깨지기도 한다. 마음을 다잡을 때마다
머릿속에서 유리잔과 유리병이 깨지고 있었다.

  '무르다'의 상태가 '무르익다'의 상태가 되려면 얼마나
많은 밤을 더 흡수해야 할까. 이런 질문이 떠오르는
날이면 밤은 콜타르처럼 아주 천천히 흘렀다. 소년은
무를 대로 물러 마침내 물이 되는 상상을 했다. 외딴
곳에서 은하수처럼 흐르고 싶었다.

단감으로 출근했지만
홀로 퇴근하는 날이 늘었다.

도저히 이해할 수 없는 것은 죽을 때까지
그대로 남겨두고 싶었다.
무른 것은 훼손되기 쉽지만,
단단한 것은 쉽게 깨지기도 한다.
마음을 다잡을 때마다 머릿속에서
유리잔과 유리병이 깨지고 있었다.

'무르다'의 상태가 '무르익다'의 상태가 되려면
얼마나 많은 밤을 더 흡수해야 할까.
이런 질문이 떠오르는 날이면
밤은 콜타르처럼 아주 천천히 흘렀다.
소년은 무를 대로 물러 마침내
물이 되는 상상을 했다.
외딴 곳에서 은하수처럼 흐르고 싶었다.

스
치
다

"안녕?" 말꼬리가 올라가는 인사였다. 귓가를 스치듯
지나갔다가 부메랑처럼 되돌아오는 목소리였다. 어딘가
익숙하고 묘하게 여운이 남아 고개를 돌리지 않을 수
없었다. 거기에는 네가 있었다. 우리는 명동 한복판에서
이렇게 다시 만난 것이다. 무슨 말을 건네야 할지, 내가
지금 짓고 있는 표정은 어떤지 하나도 알 수 없었다. 이
고민들은 아무 짝에도 쓸모없었다. 몇 초 후 네 옆에

누군가가 나타난 것이다. 그의 등장은 자연스러웠다. 마치 이 풍경은 자신으로 인해 완성될 수 있다는 듯 여유로운 미소까지 짓고 있었다. 그제야 나는 깨달았다. 네가 건넨 안녕은 나를 향한 인사가 아니었다는 것을.

  그는 네 손을 잡았다. 날달걀을 쥐듯 조심스럽게, 탁구공을 쥐듯 세심하게. 그리고 둘은 내 옆을 스쳐 지나갔다. 나는 없는 사람이 된 것 같았다. '어떻게 나를 못 볼 수 있지?'라는 생각은 네가 나를 못 본 척했을 수도 있겠다는 데까지 나아갔다. 헤어진 지 꼭 10년이었다. 강산도 변한다는 10년이었다. 그사이 나는 불혹이 되었으나 미혹되는 일은 줄어들지 않았다. 미련을 앞세워 어떤 관계에 앙칼지게 달라붙기도 했다. 속이 빤히 보이는 누군가의 제안에 혹한 것도 여러 번이었다. 스치는 것들을 붙드는 데 혈안이 되어 있었다. 스치되, 스쳐 지나가지 않도록 억지를 부렸다. 그럴 때마다 몸에서 뭔가가 빠져나갔다. 그것은 다시 돌아오지 않을 어떤 기운이었다.

옷깃만 스쳐도 인연이라는데, 우리는 오랫동안 씨줄과 날줄처럼 엮여 있었다. 계절마다 같은 옷을 입고 돌아다녔다. 명동 한복판에서 팔짱을 낀 채 골목골목을 누볐다. 아무리 더워도 팔짱을 풀지 않았다. 추울 때면 팔짱에 절로 힘이 들어갔다. 찬바람이 스치면 함께 몸을 움츠렸다. 서로의 목덜미에 상대의 뜨거운 입김이 스쳤다. 아무 말 하지 않아도 알 수 있었다. 우리는 줄곧 연결되어 있었다.

이듬해 봄, 스웨터의 올이 풀리듯 네가 내게서 멀어져갔다. 안녕 다음에는 물음표가 아닌 마침표가 붙어 있었다.

성냥개비가 성냥갑 측면을 스치면 불꽃이 피어난다. 그것이 사랑일 때도, 열정일 때도 있었다. 오래 타오를 때도, 금세 사그라질 때도 있었다. 다 타들어가서 까맣게 변한 성냥개비의 대가리를 볼 때면 울적해졌다. 무엇을 위해 불을 붙였는지 희미할 때가 많았다. 생생한 것은 스칠 때 엄습하던 긴장감뿐이었다. 온몸의 털이 곤두서는 것 같았다. 스친다는 것은 어떤 거리가 필요한 일이다. 아주 가까우면 그것은 부딪치는 것이 되고 조금이라도 멀면 그것은 지나치는 것이 된다. 닿을 듯 말 듯한 거리, 떠오를 듯 말 듯한 상태가 스침을 가능케 한다. 스친 뒤에 바로 흔적이 남는 일은 거의 없다. 성냥개비가 다 타버린 뒤에야 무엇인가 연소되었음을 깨닫는 것이다.

    때로는 의도적으로 스치는 경우도 있었다. 불꽃을 일게 하려고 안간힘을 썼지만, 결과가 늘 좋은 것은 아니었다. 실은 좋지 않을 때가 압도적으로 많았다. 그것은 내 깜냥을 넘어서는 일이었기 때문이다. 성냥의 깜냥에 대해서 생각할 때면, 어느새 나는 내 안에 남아 있는 성냥개비의 개수를 세고 있었다. 그것은 내게 찾아올 기회일 수도, 내가 다해야 할 의무일 수도 있었다. 당장의 스침을 외면하면 그것이 사무침이 될 것 같았다. 앙갚음을 하러 불시에 돌아올 것 같았다. 코끝, 팔꿈치, 귓전, 목덜미, 정수리 등 가장자리는 스침에 취약할 수밖에 없었다.

 최초의 불꽃은 어떤 모양이었을까. 그것은 밤을 어떻게 수놓았을까. 그리고 스칠 때 나던 소리는 내 몸에 어떻게 새겨졌을까. 사소한 스침이 커다랗게 부풀어 올라 구름 같은 꿈이 될 때도 있었다. 모래알 같은 아이디어가 모래성이 되어 내 앞에 우뚝 섰다. 일상적인 스침인 줄 알았는데 심신에 지워지지 않는 생채기가 남은 적도 있었다. 파도가 밀려오는 줄 알았는데 정신을 차려보니 해일이 밀어닥치고 있었다. 스치듯 안부를 물었지만 다그치듯 천둥이 치던 시절도 있었다. 스치고 난 다음에야 놓친 것을 헤아리기 시작했다. 다시 스치는 일은 요원했으므로 결코 안녕할 수 없었다.
 성냥개비가 이유 없이 툭 부러지던 밤이었다.

스웨터의 올이 풀리듯
네가 내게서 멀어져갔다.
안녕 다음에는 물음표가 아닌
마침표가 붙어 있었다.

스친다는 것은 어떤 거리가 필요한 일이다.
아주 가까우면 그것은 부딪치는 것이 되고
조금이라도 멀면 그것은 지나치는 것이 된다.
닿을 듯 말 듯한 거리,
떠오를 듯 말 듯한 상태가 스침을 가능케 한다.
스친 뒤에 바로 흔적이 남는 일은 거의 없다.
성냥개비가 다 타버린 뒤에야
무엇인가 연소되었음을 깨닫는 것이다.

잠
잠
하
다

   H는 며칠째 잠을 이루지 못하고 있다. 이루지
못한다고 쓰니 달성해야 한다는 강박이 느껴지기도 한다.
남들은 으레 잠들거나 잠잔다고 심상하게 표현하는 것을,
그는 도통 할 수가 없었다. 그에게 잠은 심상치 않은
상황처럼 다가왔다. 밤이라는 시간도, 잠이라는 상태도
H에게는 익숙지 않았다. 중학교 때부터였을 것이다.
뜬눈으로 밤을 새우는 날이 하루, 이틀, 사흘이 되었다.

퀭한 눈으로 봄을 맞이했고 넋이 나간 표정으로 여름을 통과했다. 잠자지 않고 버티는 게 아니었다. 잠에 들려는 찰나, 어떤 섬광 같은 것이 눈꺼풀을 자꾸 찔러댔다. 황급히 눈을 뜨면 아무것도 없었다. 어둠만 있었다. 그는 그것이 더 무서웠다. 보이지 않는데 분명 있는 어떤 것이. 주변에 있는 그 누구도 H의 말을 귀담아듣지 않았다. 그는 스스로 입을 닫아걸었다.

    커다란 고민이나 잔걱정 때문이라면 이해할 수도 있을 텐데, H에게 잠은 매일 밤 넘어야 할 산과도 같았다. 그 산은 동네 뒷동산이나 교외에 있는 언덕처럼 야트막하지 않았다. 결심과 채비를 단단히 하고 올라야 하는 높은 산이었다. 한 번에 다 오를 수 없는 어마어마한 높이였다. H에게 내일을 위해서 잠을 자야 한다거나 잠이 보약이라는 말은 부담감을 가중시킬 뿐이었다. 그런 말을 들을 때마다 그는 잠잠한 호수에 돌멩이를 던지는 무표정한 사람이 떠올랐다. 무표정 속에는 반드시 보이지 않는 의도가 담겨 있을 터였다. 보이지 않는데 분명 있는 어떤 것, H는 또다시 공포심에 사로잡혔다. 심장이 빨리 뛰기 시작했다.

상담사는 H가 가라앉아 있다고 느꼈다. 입을 열기를 기다렸지만, 그는 묵묵부답이었다. 이 문장은 수정되어야 한다. 상담사는 아직 질문을 던지지 않았다. 첫 질문을 신중하게 고르며 H가 입술을 떼고 뭐라도 말하기를 잠자코 기다리고 있었다. "잠자코라고요?" H는 상담사의 의중을 간파하고 있었다. "잠자코는 '잠잠하고'가 줄어든 말이래요." 상담사의 흔들리는 눈빛을 본 순간, H는 결코 잠잠할 수 없었다. H의 앞으로 밤이 성큼성큼 다가오고 있었다. 상담사가 던진 돌멩이가 수면 아래로 가라앉는 중이었다.

"잠들 때 어딘가로 들어가는 기분이 들지 않아요. 안에 있다가 바깥으로 나가는 것 같아요." 중학교에 다니던 시절, h는 선생님에게 저렇게 말한 적이 있었다. 고충이 있느냐는 질문에 저렇게 답했던 것 같다. 2차 방정식을

눈 감고도 척척 풀어내는 선생님이라면 왠지 잠에
'들어가는' 방법을 가르쳐줄 것 같았다. 선생님의 말씀을
들으면 잠을 향해 거침없이 미끄러질 수도 있을 것이다.
그의 바람과는 달리, 선생님은 한동안 잠잠했다. 말없이,
가만히, 아무런 표정도 짓지 않고. 선생님이 최선을 다해
무표정을 유지하고 있다는 사실을, h는 알 턱이 없었다.
순간, h는 잠들 때 찾아들던 불안감이 엄습함을 느꼈다.
교실 안에 있었지만, 바깥으로 사정없이 내팽개쳐지는
기분이었다.

　다음 날, 선생님은 h의 부모를 학교로 소환했다.
대화가 끝날 때까지 h는 복도에서 기다려야만 했다.
복도는 미끄러웠고 실내화를 벗으면 h는 미끄러질
수도 있을 것 같았다. h는 복도에서 신나게 춤추는 자기
자신을 상상해보았다. 공중으로 점프하는 h, 우아하게
착지하는 데 성공하는 h, 흐뭇하게 미소를 짓는 h,
관중들의 우레와 같은 박수를 받고 객석을 향해 손을
내뻗으며 인사를 하는 h…… 겉으로는 잠잠한 척하고

있었으나 가슴속은 시종 법석이고 있었다. 그때까지 h는 단 한 번도 춤을 추고 싶다는 생각을 한 적이 없었다. 이 문장은 수정되어야 한다. 초등학교에 입학하면서부터 h는 스스로의 욕망을 표출할 기회를 얻지 못했다. 부모님이 하란 대로 했고 선생님이 이끌어주는 대로 몸을 움직였다.

   h의 집은 늘 잠잠했다. h의 부모님은 큰소리를 낸 적이 거의 없었고, 이는 h의 가슴에 불안감으로 자리 잡았다. 거의 없었다는 것은 있었다는 말이다. 그때는 한밤중이었고 누가 먼저랄 것도 없이 방 안에서 고성이 쏟아져 나왔다. 제 방에서 자고 있던 h는 갑작스러운 요의에 화장실에 가고 싶었다. 실은 바깥으로 나가고 싶었다. 잠 밖으로, 문 밖으로, 집 밖으로. 잠이 두 개나 있는 잠잠한 집을 벗어나면 그제야 비로소 잠을 청할 수 있을 것 같았다. 점처럼 작아지고 싶어 h는 몸을 잔뜩 웅크렸다. 잠잠했던 얼굴에 점점이 눈물이 박히기 시작했다.

잠들 때 어딘가로 들어가는 기분이 들지 않아요.
안에 있다가 바깥으로 나가는 것 같아요.

잠 밖으로, 문 밖으로, 집 밖으로.

잠이 두 개나 있는 잠잠한 집을 벗어나면

그제야 비로소 잠을 청할 수 있을 것 같았다.

점처럼 작아지고 싶어 h는 몸을 잔뜩 웅크렸다.

잠잠했던 얼굴에 점점이 눈물이 박히기 시작했다.

뿌리치다

"이걸 방 안에 걸어두면 좀 나아질 거야." 강이 내민 건 드림캐처였다. "아메리카 원주민들이 사용하던 토속 장신구래. 여기 그물 보이지? 이 그물이 악몽을 걸러주고 좋은 꿈만 꾸게 해준대." 강은 뿌듯한 듯 드림캐처를 흔들어댔다. 구슬이 부딪쳐 맑은 소리가 났다. 맑은데 어쩐지 약간 소름 끼치는 소리였다. 깃털이 나풀나풀 눈앞에서 흔들렸다. 귀여웠지만 오래 보고 있으면 나도 모르는 사이 최면에 걸릴 것 같았다.

"일종의 부적인 셈이지?" 강이 고개를 끄덕였다. "악몽은 심신이 불안정한 사람에게 찾아오는 거래. 불안정한 사람은 으레 나쁜 것에 끌리니까." 나는 그 말에 동의할 수 없었다. 물론 지금까지 내 삶은 안정과는 거리가 멀었다. 그러나 극도의 불안정 속에서도 어떻게든 평정심을 유지하려고 노력해왔다. 일용직과 임시직을 오가는 삶이었지만, 단 한 번도 내게 주어진 책임을 회피하려 하지 않았다. 나쁜 것에 끌릴 여유조차 없는 삶이었다.

"그런 말 하는 네가 나빠." 나는 강에게 끌리지 않음을 피력하기 위해 고개를 휙 돌렸다. 끌림이 아닌 끌리지 않음까지 내비쳐야 하는 삶이 지긋지긋했다. 한없이 불안정하면서도 겉으로는 불안정함을 드러내지 않기 위해 얼마나 안간힘을 써왔던가. 문득 강의 따가운 시선이 느껴졌다. 드림캐처의 구슬이 부딪쳐 예의 그 맑고 소름 끼치는 소리를 냈다. "가는 거야? 그렇게

가버리는 거야?" 무표정과 무응답으로 나는 강의 호의를 뿌리쳤다.

그날 밤에도 역시 악몽은 찾아왔다. 물에 빠져 허우적대는데 저만치서 강이 다가오는 모습이 보였다. 강은 애써 나를 바라보지 않는 눈치였다. 나는 있는 힘껏 강의 이름을 불렀다. 강은 일부러 나를 듣지 않는 것 같았다. "강! 나 좀 구해줘! 제발 부탁이야. 농담이 아니야!" 강이 나를 흘깃 쳐다보았다. 그 눈빛에 온기라곤 찾아볼 수 없었다. 온 힘을 다해 버둥거리며 필사적으로 손을 내뻗었다. "내 손을 잡아줘. 이제 더는 못 버티겠어." 강은 내 간절한 손을 뿌리쳤다. 유유히 자리를 뜨는 강의 뒷모습을 망연히 지켜보았다. 손에는 그것이 들려 있었다. 드림캐처였다.

강은 두 시간 전의 상황에서 좀체 벗어나지 못하고 있었다. 밥때가 한참 지났지만 식욕은 하나도 없었다. 대체 뭐가 잘못된 걸까. 오늘따라 한이 왜 그렇게 날카로웠는지 도무지 알 수가 없었다. 불안정한 정도가 심해도 너무 심했다. 심신이 불안정한 사람에게 악몽이 찾아온다는 게 못할 말인가 싶었다. 자신의 호의를 단호하게 뿌리치는 한을 보고 강은 정나미가 뚝 떨어졌다. 고심해서 준비해 간 선물을 단칼에 거절하는 사람과 가까이 지낼 필요는 없을 것이다. 그런데 마음은 생각대로 움직이지 않았다. 뭔가가 잘못되었다고 반복적으로 신호를 보내왔다. 강은 아까 나누었던 대화를 복기하기 시작했다.

    강과 한이 처음 가까워진 것은 교내 체육대회에서였다. 어느 날, 강은 단과대학에서 축구 선수를 모집한다는 공고를 보고 있었다. 그때 강 옆에서 공고를 물끄러미 바라보고 있던 사람이 바로 한이었다. 둘 다 대학 생활에 적응을 잘하지 못하고 있던 때였다. 둘은 계면쩍게 웃으며 연락처를 교환했다. 속으로는 이렇게 말하고 있었을 것이다. '나처럼 너도?' 친구가 없는 것은 외롭다기보다는 불편한 일이었다. 다행히 지원자가 별로 없어서 선발 테스트 없이 둘 다 단과대학 대표가 되었다.
연습 경기에서 강은 한의 재빠름에 혀를 내둘렀다.
수비수가 끈질기게 따라붙는데도 그것을 뿌리치고 공에
발끝을 갖다 대는 한의 민첩함은 일품이었다.

  연습이 끝나고 나면 한은 매번 어디론가 바삐
사라졌다. 뒤풀이를 하자고 잡아끌어도 꿈쩍하지 않았다.
학비를 마련하고 생활비를 벌기 위해 한이 매일같이
일을 한다는 사실을, 강은 한참 뒤에야 알게 되었다.
생활을 위해 온갖 유혹을 뿌리칠 수밖에 없는 이들도
있다는 걸 강은 그때 처음 알았다. 불안정하다고 해서
이대로 그를 매정하게 뿌리쳐버릴 수는 없었다. 소파
위에 던져둔 드림캐처가 그렇게 처연해 보일 수가
없었다. 꿈을 잡으려 애쓴다는 점에서 우리는 모두
드림캐처라는 생각이 들었다. 그것이 춘몽이든 악몽이든,
살기 위해서는 꿈꾸지 않으면 안 된다. 뿌리치는 대신,
능동적으로 가지를 쳐야 하는 것도 있다.

  갑자기 엄청난 허기가 몰려왔다. 한의 드리블 속도처럼

맹렬했다. 오늘도 야식의 유혹을 뿌리칠 수 없으리라는 것을, 강은 직감했다.

꿈을 잡으려 애쓴다는 점에서
우리는 모두 드림캐처라는 생각이 들었다.
그것이 춘몽이든 악몽이든,
살기 위해서는 꿈꾸지 않으면 안 된다.
뿌리치는 대신,
능동적으로 가지를 쳐야 하는 것도 있다.

또렷하다

　너는 한밤에 전화하는 것을 좋아했다. 문자보다는 음성이 편하다고 덧붙였다. "아무리 이모티콘을 잘 써도 표현이 안 되는 게 있잖아." 수화기 너머로 들려오는 네 목소리는 생생했다. 펄떡펄떡 솟구치는 물고기 같았다. 운동장을 몇 바퀴 돌고도 아무렇지도 않다는 듯 환히 웃는 어린아이 같았다. 그 또렷함을 마주할 때면 나는 주눅이 들었다. '주눅이 들고 말았다'가 조금

더 적확한 표현일 것 같다. 아무리 굳게 마음먹어도 안 되는 것이었으니까. 암실에 오래 있다가 밖에 나온 사람처럼 잠시 어리둥절했다. 내 목소리는 메마른 땅처럼 갈라지거나 땅굴 속으로 힘겹게 기어 들어갔다.

"넌 언제나 힘이 넘치는구나." 나는 가치중립적으로 이야기했다. 힘이 넘친다는 것은 보통 좋은 일로 여겨질 테지만, 언제나 그런 상태라면 문제가 될 수도 있지 않을까. 가치중립적으로 이야기했다고 썼지만, 실은 어느 정도의 판단이 담긴 말이었던 셈이다. 너는 그것을 간파하지 않을 수 없었을 것이다. "불편하다는 말처럼 들리네?" 너는 물음표까지 또렷하게 발음하는 것 같았다. 찰나의 주저함도 없었다. 갈고리가 된 물음표가 얼굴로 날아드는 듯했다. "그게 아니라…… 부러워서." '될 대로 되어라'라는 식이었다. 너는 전화를 툭 끊었다. 통화가 종료되는 순간도 명명백백했다.

날이 밝으면 나는 학교에 가서 아이들을 만날

것이다. 아이들에게 '다름'의 가치에 대해 설파하고 다양성이야말로 이 세계에서 얼마나 중요한지 떠들 예정이었다. 그때는 나도 힘이 넘칠 것이다. 그러나 내가 과연 그런 말을 할 자격이 있는 것일까? 한밤의 경쾌한 목소리에 거부감을 느끼는 내가, 상대의 성정을 존중하지 못하고 편견에 사로잡혀버린 내가, 다름을 이야기해도 되는 것일까? 땅굴이 보이지 않아 이불 속을 파고들었다. 부끄러웠다. 명징한 것이 하나도 없었다.

    너는 그날 밤 무슨 생각을 했을까. 나의 속 좁음을 얕잡으며 코웃음을 쳤을까, 씩씩거리다가 겨우 잠들었을까. 잠들기 전까지 나는 문자를 쓰고 지우기를 반복했다. 역시 목소리로 전해야 할 것 같았다.

    엄마는 나를 가리켜 비 온 뒤 같다고 했다. 비 갠 뒤가 더욱 어울리는 표현일지도 모르겠다. 이는 때때로 시원시원하다는 말이기도 했고, 분명함이나 선명함을 가리킬 때도 있었다. 비 온 뒤 외출을 나갔을 때 물웅덩이에 찰방찰방 발을 담갔다 빼는 장면이 떠오르기도 했다. "비 온 뒤에는 왠지 해결이 된 것 같잖아. 일단 비는 그쳤으니까. 빗물에 내 고민까지 씻겨 내려갔을지도 모른다고 생각하면 기분도 좋고." 눈망울에 희망이 절로 차오르는 말이었다. 비 온 뒤, 으레 땅은 굳어지고 하늘은 말갛게 변했다. 맑으면서 단단한 사람, 나쁘지 않았다. 나는 비 온 뒤 같은 사람이 되고 싶었다.

   사람들은 그런 나를 가리켜 명쾌한 사람이라고 했다. 고민 없이 사는 것 같다고 말하는 사람도 있었다. "길게 고민해봐야 머리만 아프잖아요"라고 말하면서도, 나는 움츠러들지 않을 수 없었다. 그 말을 하면서도 내 고민은 죽 이어지고 있었으니 말이다. 이를테면 나는 고민하지 않는 척, 명쾌한 척을 하고 있었던 셈이다. 내게 별 관심 없는 사람들은 이런 나의 태도에 기꺼이 속아주었다. 그럴수록 내가 마주하고 있는 문제는 점점 더 또렷해졌다. 남들만큼 아니 남들 이상으로 고민이 많은데, 고민 없이 사는 것처럼 보이는 게 과연 좋은 일일까. 어느 순간 나는 누구보다 남들의 고민을 잘 들어주는 사람이 되어 있었다. 그저 고민 없이 태평하게 사는 사람 같다는 이유로. 어색함을 이기지 못해 목소리는 밤낮없이 또렷해졌다.

그 뒤로 남 앞에서 내 고민을 털어놓는 게 더욱더 어렵게 느껴졌다. 생을 좌지우지할 만한 커다란 문제라고 생각했는데, 그것이 입 밖으로 내뱉어지고 나면 이상하게 사소하고 누추해졌다. "그런 고민은 누구나 다 하는 거 아냐?"라는 말을 들었을 땐 허탈했고 "야, 네 고민은 고민 축에도 못 들어. 내 고민 좀 들어봐"라는 말을 들었을 땐 울고 싶었다. 비 온 뒤에 비가 또 내리는 것 같았다. 나는 장마에 갇혀 사는 것 같았다.

맑으면서 단단한 사람이 되고 싶었는데, 축축하고 엉클어진 시간이 나를 옭아매고 있었다. 창밖 너머로 보이는 보름달 윤곽이 또렷했다. 보름달 안에 뭐가 있는지 알고 싶었다.

비 온 뒤, 으레 땅은 굳어지고
하늘은 말갛게 변했다.
맑으면서 단단한 사람, 나쁘지 않았다.
나는 비 온 뒤 같은 사람이 되고 싶었다.

비 온 뒤에 비가 또 내리는 것 같았다.
나는 장마에 갇혀 사는 것 같았다.

빛
나
다

 밤의 나라가 있었다. 밤의 나라답게 언제나 깜깜했다. 정작 이 나라에서는 '깜깜하다'라는 단어가 거의 사용되지 않았다. 어두운 것은 당연했으니까. 낮에도 밤에도 똑같은 하늘 아래 있어야 했으니까. 조명이 있었으나 그것은 어둠을 겨우 벗어나게 해주는 수준에 불과했다. 조명이 더 밝았으면 좋겠다는 바람을 가진 사람도 없었다. 이미 어둠에 익숙해질 대로 익숙해졌기 때문이었다. 그저 덜 어둡거나 더 어두운 상황만 있었다. 폭우가 쏟아지거나 정전이라도 일어나면 다들 고유의 능력을 발휘해야만 했다. 어둠 속에서 상대의 윤곽을 파악하는 능력이었다. 밤의 나라 사람들은 노상 조금씩은 예민한 상태였다.

  밤의 나라에서는 '밤낮없이'라는 표현을 쓸 필요가 없었다. 늘 밤이었기 때문이다. '밤이면 밤마다'라는 표현은 '날마다'를 가리켰고, 달밤에 체조하는 사람은 어디서나 쉽게 발견할 수 있었다. "낮말은 새가 듣고 밤말은 쥐가 듣는다"란 속담이 사전에 있을 리 만무했다. 새와 쥐는 둘 다 밤말만을 들었다. '빛나는 인생'이나 '깜깜한 앞날' 같은 표현 또한 사용되지 않았다. 사람들은 빛나는 인생이 어떤 인생을 가리키는지 감히 짐작할 도리가 없었다. 앞날이 깜깜하다는 게 좋은 건지, 나쁜 건지 알 턱이 없었다. 그저 계속 이렇게만 지낼 수 있다면 나쁘지 않을 것 같다고 생각했다. 빛을 보기 전의 일이었다.

어느 날, 광장에서 누군가가 "아, 깜깜하다"라고
말했다. 사람들은 무슨 영문인지 궁금했다. 그것은
꽃을 꽃이라고, 나무를 나무라고 부르는 것처럼 당연한
소리였으니까. 오늘이 어제보다 특별히 더 어두운 것도
아니었다. 사람들의 시선이 일제히 그에게 쏠렸다. 그는
얼마 전 다른 나라에서 이민을 온 자였다. 밤의 나라
사람들이 입을 모아 그에게 물었다. "그게 대체 무슨
소리요?" 그는 한참 동안 아무 말도 하지 않았다. 이윽고
그의 입이 벌어졌을 때 사람들은 숨죽이며 기대했다.
그는 천천히 한숨을 내쉬었다. 사람들은 맥이 빠졌다.
"거, 답답하게 그러지 말고 뭐라고 말 좀 해봐요." 광장에
모인 사람들이 웅성대기 시작했다.

"답답하시죠? 깜깜함이란 그런 겁니다. 모르는 거.
빛을 몰라서 알 수 없는 거."

그는 눈을 떴다. 언제 잠들었는지 모르지만, 깬 건
지금이다. 지금이 몇 시지? 그는 습관적으로 손목시계를

바라본다. 시곗바늘은 3과 10을 가리키고 있다. 어두워서 짧은 바늘과 긴 바늘을 분간하기 힘들다. 짧은 바늘이 무엇을 가리키느냐에 따라 낮도 되고 밤도 될 수 있을 것이다. 베개를 구부려 양쪽 귀를 막고 그는 도리질을 한다. 궁금해한다고 해서 낮이 돌아올 리 없음을 알기 때문이다. 3시여도, 10시여도, 밖은 깜깜할 것이다. 새벽 3시나 아침 10시나 큰 차이가 없을 것이다. 밤의 나라에서는 반딧불이조차 매가리 없이 날아다닌다. 반짝인다기보다는 꺼지지 않으려고 안간힘을 다하는 것처럼 보인다.

  외출을 한다고 해서 뾰족한 수가 있는 것은 아니다. 밤의 나라에서는 수면 2부제가 실행되고 있다. 하루를, 아니 밤을 반으로 갈라 앞의 12시간에 활동하는 이들과 뒤의 12시간에 활동하는 이들을 가르는 것이다. 공장이 24시간 돌아가는 것은 물론, 거의 모든 가게가 24시간 편의점처럼 운영된다. 앞의 12시간을 가리켜 '앞날', 뒤의 12시간을 가리켜 '뒷날'이라고 부른다. 원래 살던 곳에서 앞날과 뒷날은 둘 다 다가올 날을 가리키는 단어였다. 밤의 나라에서는 쥐도 새도 모르게 뜻이 바뀐 단어도, 사어死語가 된 단어도 많다. 아마 쥐도 새도 낮을 모를 것이다. 빛나는 것이 어떤 것인지 짐작조차 하지 못할 것이다.

그는 눈을 감는다. 어둠 속에서 빛이 보인다. 어둠 속이기에 빛이 도드라진다. 아무리 맥없어도, 제아무리 희미해도 빛의 위용은 밤에, 어둠 속에서 드러날 수밖에 없다. 그것은 어떻게든 뿜어져 나오려고 한다. 사방으로 팔방으로 백방으로 만방으로 발산되려고 한다. 손을 뻗으면 만질 수 있을 것 같다. 몸을 회전하면 빛을 휘감을 수 있을 것 같다. 이것도 다 그가 빛을 본 사람이기에 상상할 수 있는 것이다. 그는 밤의 나라 사람들에게 빛을 보여주고 싶다. 보기만 해도 찬란한 빛, 깜깜함을 무방비 상태로 만드는 빛. 그런데 어디서 빛을 구하지?

빛은 나야 하는 것이다. 난다는 것은 생기고 솟아나고 끝끝내 이뤄지는 것이다. 없던 것이 새로 있게 되는 것이다. 있기 전까지는 깜깜할 수밖에 없다. 그는 전에 살던 나라에 가서 빛을 훔쳐 오기로 결심한다. 이곳에도 낮이 필요하다. 미래를 예감한 듯 그의 눈이 번쩍 빛난다.

빛은 나야 하는 것이다.
난다는 것은 생기고 솟아나고
끝끝내 이뤄지는 것이다.
없던 것이 새로 있게 되는 것이다.
있기 전까지는 깜깜할 수밖에 없다.

발
음
하
다

 밤이면 네가 떠올랐다. 너와 함께한 시간들을 다시 사는 것 같았다. 우리는 카페에 가고 영화관에 가고 놀이동산에 갔다. 커피를 마시고 할리우드 영화를 보고 롤러코스터를 탔다. 산에서도 바다에서도 우리는 함께였다. 늘 함께 있었다. 그때는 '함께'가 아닌 상태를 감히 상상할 수도 없었다. 그 시간은 꽉 차 있었으니까. 네 입에서 흘러나오는 이야기를 흘려듣지 않기 위해

나는 시종 긴장해 있었다. 같은 것을 먹어도 너는 그 맛을 너만의 방식으로 표현했다. 내가 "맛있다"라고 말하면 너는 "새콤해서 입 안에 들어갈 때 미뢰味蕾가 바짝 긴장하는 것 같아"라고 말했다. 나는 우리가 몸담고 있는 시공간이 풍부해지는 느낌이 들었다.

    어느 날 밤 너는 먼 곳에 간다고 했다. '아주 먼 곳'이라고, '절대로 따라올 수 없는 곳'이라고, '따라올 마음 같은 건 먹으면 안 되는 곳'이라고 못을 박았다. 장기 출장이나 긴 여행이 아니라고 했다. 우리가 머문 가장 팽팽한 시간이었다. 나는 화가 나서 네 앞에서 펑펑 울었다. 그만 울고 말았다. 고래고래 소리를 지르고 싶었으나 네 표정을 보곤 뭔가 심상치 않다는 걸 깨달았다. 먼 곳이 어디일지 짐작할 수 있을 것 같았다. 왜 우리에게 이런 일이? 나는 도리질을 쳤다. "먼 곳이라 준비할 게 많아. 슬프게도 혼자서 준비해야 할 것 같아." 네가 "슬프게도"라고 발음할 때, 눈꺼풀에 대롱대롱 매달린 눈물이 탁자 위로 툭 떨어졌다. 슬펐다. 슬픔이라는 단어로는 감당할 수 없는 감정이기도 했다.

    나는 침대에 누워 네 이름을 발음해본다. 한 자 한 자 또박또박. 그러면 밤하늘을 열고, 창문을 열고, 굳게 닫힌 내 마음을 열고 네가 들어온다. 누군가는 착각이라고 하고 또 다른 누군가는 정신착란이라고 한다. 하지만 나는 네 얼굴을 똑똑히 볼 수 있다. 우리가 함께였던 시간들이 또다시 눈앞에 펼쳐지기 시작한다. "오늘은 맑고 칼칼한, 맑으면서 칼칼하기까지 한 순두부찌개를 먹겠네?" 나 "산에 올라오니까 체증이 내려가는 것 같아. 오늘의 균형이 비로소 잡히는 기분이야" 같은 너의 말이 들린다. 나는 여기에 함께 있다는 사실에 안도한다.

    내 안에 숨어 있던 또 다른 나가 묻는다. "그런데 왜 왔던 곳만 와?" "이젠 네가 없으니까. 떠났으니까." 네 이름을 발음하면서 나는 다시 침대 위로 돌아온다. 혼자다.

먼 곳으로 떠난다고 고백하기 전, 나는 속으로 열을 셌다. 너무 떨려서 견딜 수가 없었다. 그때의 마음을 색깔로 표현하려면 64색 크레파스로도 부족했을 것 같다. 너의 표정을 살필 겨를도 없었다. 나는 말한다기보다는 발음하는 느낌으로 겨우 말했다. 먼 곳으로, 아주 먼 곳으로, 절대로 따라올 수 없는 곳으로 간다고. 그곳은 따라올 마음 같은 건 먹으면 안 되는 곳이라고. 좋은 곳이 아니니까. 혼자 가면 그저 쓸쓸하지만 둘이 가면 돌이킬 수 없는 비극이 되는 곳이니까. 그때가 밤이 아니었다면 나는 말할 수 없었을 것이다. 낮이었다면 농담하듯 툭 던지거나 실은 아무 일도 아니라는 듯 너스레를 떨었을지도 모른다. 밤이었기에, 밤이라는 시간에 기대 겨우 말할 수 있었다.

그날 집에 와서 내가 한 일은 우리가 찍고 찍혔던 사진들을 늘어놓는 일이었다. 나만 있는 사진은 네가 찍었을 것이다. 네가 있는 사진은 내가 찍고 우리가 함께 있는 사진은 행인이 찍어주었을 것이다. 나는 행인들의 얼굴뿐 아니라 행색까지도 똑똑히 기억한다. "남자분, 좀 웃으세요!"라고 말했던 아주머니도, "여자분, 남자분에게 좀 붙어요!"라고 소리쳤던 아저씨도 있었지. '좀'이라는 부사가 우리에게 어울렸던 모양이다. 우리에게 시간이 좀 더 있었다면 얼마나 좋을까. 좀 더 사랑할 수 있었다면 얼마나 행복할까. 밤은 가정법과 가까워지는 시간이다. 나는 하릴없이 네 이름을 부른다. 웅변하는 마음으로 발음한다. 나는 먼 곳에 가서도 너를, 네 이름을 잊지 않을 것이다.

우리가 함께 산에 올랐을 때가 있었다. 너는 등산을 싫어했는데. "네가 좋아하니까 나도 좋아할 수 있을 거야." 네가 앞장서서 걷는 모습을 나는 오랫동안 지켜봤지. 어쩌면 그때 처음 예감했는지도 몰라. 네 뒷모습을 왜 그렇게 뚫어져라 쳐다보았는지 생각해보면. 산 정상에 올라 찍은 사진이 여기에 있어. 그때 사진을 찍어준 건 중학생쯤 되어 보이는 소녀였지. "전 커서 서울에서 살 거예요." 그 소녀는 서울에 갔을까? 서울에서 살고 있을까? 그 말을 듣고 너는 크게 웃었지. 그 웃음이 내 체증을 가시게 했어. 한밤에 굳이 나는 발음한다. 또록또록 나는 발음한다. "사랑했어. 아니, 사랑해. 아니, 사랑할게."

밤이면 네가 떠올랐다.
너와 함께한 시간들을 다시 사는 것 같았다.

우리에게 시간이 좀 더 있었다면 얼마나 좋을까.
좀 더 사랑할 수 있었다면 얼마나 행복할까.
밤은 가정법과 가까워지는 시간이다.

두
드
리
다

두드리는 것을 '노크'라고 한다고 알려준 이는
S였다. S는 과외 선생님이었다. 그는 일주일에 두 차례
영어를 가르쳤다. 발음은 엉망이었다. 그가 있는 힘을
다해 'r' 사운드를 굴릴 때마다 나는 도망치고 싶었다.
부끄러워서, 아니 그가 안쓰러워서. 한 달에 한 번 엄마는
S에게 과외비를 지급했다. 어디서 구했는지 하늘색
편지봉투를 건넸다. 그때마다 S가 머리를 조아리는

것도 싫었다. 정당한 노동의 대가인데, 왜 저렇게 안절부절못하는지 이해할 수 없었다. 일을 시키고 임금을 지급하는 갑과 일을 하고 임금을 받는 을의 관계를 전혀 모르던 시절이었다. 나중에 내가 을의 입장이 되었을 때, 가장 먼저 떠올린 것도 S였다.

　S는 손이 매웠다. 팔의 힘도 좋았다. 물론 이것은 S의 말이었다. 아마도 'grip'이란 단어를 배울 때 이야기했던 것 같다. "grip은 잡는다는 뜻이야. 그냥 잡는 게 아니라 꽉 잡는 거. 움켜잡는 거. 동사로도 쓰이고 명사로도 쓰이지. '악력이 세다'라는 말을 쓰잖아? 그때 영어로는 'have a strong grip'이라는 표현을 쓸 수 있겠지." 그는 자못 유쾌한 어조로 덧붙였다. "I have a strong grip. 이 말은 정말이야. 나는 손도 매워." 나는 피식 웃었다. 설명할 필요도 없고 증명할 필요는 더더욱 없었지만, S는 쩔쩔매고 있었다.

S에게 과외 수업을 받은 지 1년이 훌쩍 지났다. 내 영어 성적은 제자리걸음이었다. 이따금 엄마는 과외 선생님을 바꿔야겠다고 건조하게 말했는데, 그때마다 나는 펄쩍 뛰었다. "그래도 S 선생님 덕분에 현상 유지라도 하고 있는 거야." 엄마는 혀를 끌끌 찼지만, 새로운 과외 선생님을 알아보지는 않았다. 고등학교 2학년이었다. 입시의 압박이 본격적으로 시작되었지만, 당시의 나는 늘 잠에 취해 있었다. 집에서도 학교에서도 독서실에서도 계속 눈이 감겼다.

어느 날 S가 방문을 가볍게 두드렸다. 나는 깜빡 잠이 들었던 모양인지 노크 소리를 듣지 못했다. 그가 문고리를 잡고 살짝 돌렸다. 이 또한 그의 말이니 '살짝'의 정도를 알 수는 없다. 문고리가 떨어져 나가 쟁그랑하고 바닥에 부딪치는 소리가 들렸다. 그 바람에 선잠에서 깨어났다. "이전에 말씀하신 것처럼 악력이 세시네요." S가 선 채로 허탈하게 웃고 있었다. 엄마가 종종 하는 말이 떠올라 덩달아 나도 웃었다. "두드려라.

그러면 열릴 것이다."

    S는 대학에 입학하면서 상경했다. 그동안 서울에 온 것은 딱 두 번이었다. 부모님을 따라 친척 결혼식에 왔던 적이 있었다. 초등학교에 입학하기도 전의 일이었다. 10년이 지나 고등학교 수학여행 때는 63빌딩과 에버랜드에 갔었다. 서울은 커다란 도시였다. 자동차도 사람도 아주 많았다. 무엇보다 사람들이 모두 바빠 보였다. 급히 마무리해야 할 일이 있는 것처럼 민첩하게 움직였다. 에버랜드가 서울이 아닌 용인에 있다는 것도 S는 대학에 입학한 뒤에야 알았다. 자취방을 구하고 캐리어에서 짐을 꺼내며 그는 자기도 모르게 중얼거렸다.
"단출하네."
    S는 그의 세간처럼 단출한 사람이었다. 깔끔하고 얌전하다는 말을 많이 들었다. 쓸데없는 말을 하지 않는 것은 그의 커다란 장점이기도 했다. 서울 생활은 녹록지 않았다. 그는 수시로 스스로를 증명해야 하는 상황에

맞닥뜨렸다. 학교에서는 낯선 사람들 앞에서 자신의 의견을 펼쳐야 했다. 모르는 것을 아는 것처럼 말하고 있다는 사실을 깨달았을 때, 그는 얼굴이 홧홧하게 달아올랐다. 근원을 알 수 없는 불안감이 가슴을 두드리는 때가 많았다. 대학 와서 새로 사귄 친구가 어깨를 두드리며 "왜 그래?" 하고 물어왔을 때, 그는 어떤 말도 할 수 없었다. 속으로만 겨우 대답했을 뿐이다. "내가, 내가 아닌 것 같아."

그는 생활비를 마련하기 위해 과외를 구했다. 고등학교 1학년 학생에게 영어를 가르치는 일이었다. 면접도 보았다. 학생의 얼굴은 보지도 못한 채 그의 어머니 앞에서 자신을, 자신의 영어 능력을 증명해야 했다. 다행히 면접을 통과했으나 누군가를 가르치는 일은 생각만큼 쉽지 않았다. 누군가에게 지식을 전달하기 위해서는 먼저 알아야 했다. 그는 영어를 가르치기 위해 영어 공부를 다시 했다. 모르는 것을 아는 것처럼 말할 때마다 심장이 뛰었던 것을 상기했다. 그때의 두드림은 공포였다. 난생처음 바다에 뛰어들었을 때도 이것보다 무섭지는 않았다.

  졸업할 무렵 취업의 문을 두드릴 때마다, 그리고 그 문이 열리지 않을 때마다 S는 과외 학생 방 앞에서 방문을 두드렸던 순간을 떠올렸다. 자꾸 두드리다 보면 문이 열릴 것이다. 문이 열리지 않더라도 누군가는 반응할 것이다. 문고리라도 떨어져 나올 것이다. 손을 쥐었다 펼 때마다 땀이 묻어났는데, 그는 그게 꼭 눈물 같았다.

자꾸 두드리다 보면 문이 열릴 것이다.
문이 열리지 않더라도 누군가는 반응할 것이다.
문고리라도 떨어져 나올 것이다.
손을 쥐었다 펼 때마다 땀이 묻어났는데,
그는 그게 꼭 눈물 같았다.

빛
있
다

  L은 어릴 때부터 받침에 약했다. 매일 2교시에 찾아오는 받아쓰기 시간이 두렵기만 했다. 1교시가 끝나고 찾아온 쉬는 시간에 L처럼 맥없는 아이는 찾아볼 수 없었다. L은 이유 없이 배가 아팠고 화장실에 달려갔으나 번번이 아무런 성과도 거두지 못했다. 애먼 배를 어루만질 때면 머리를 긁적이는 기분이 들었다. 어김없이 수업 종이 울렸다. "벌써?" 아이들이 우당탕

소리를 내며 제자리로 돌아가는 소리가 들렸다. 저 멀리 종이 뭉치를 들고 흐느적흐느적 걸어오는 선생님의 모습이 보였다.

 선생님은 아이들을 지긋이 내려다보았다. 교단과 교탁 때문에, 아니 그가 쓴 선글라스 때문에 내려다보는 눈길에는 위엄이 가득했다. 제아무리 급해도 손을 번쩍 들고 뒤가 급해 화장실에 다녀오겠다고 말하는 아이는 없었다. 선생님의 느긋함은 반대로 아이들을 조바심 나게 만들었다. 헛기침을 두어 번 한 뒤, 선생님은 아이들에게 종이를 나누어주었다. 백지였다. 무엇이든 쓸 수 있지만 아무것이나 쓰면 안 되었다. 선생님이 읽어주는 것만 잘 받아써야 했다. 신호총의 발사를 기다리는 육상 선수처럼, 아이들은 숨죽인 채 침을 꼴깍 삼켰다.

 "빗길 위를 달리는 차 위로 빛이 쏟아졌다." 첫 문제부터 만만치 않았다. L은 '비'에 디귿받침을 적었다가 이내 디귿을 티읕으로 바꾸었다. '빝길'이라는 단어가 자신의 눈에도 생소했지만, '밭길'이라는 단어도

있으니 '빛길' 또한 있을 것이라 믿기로 했다. 다음에
나오는 '비'에는 치읓 받침을 제대로 적었다. 빛과 소금이
되라는 문장이 불쑥 떠올랐기 때문이다. 빛은 밝은 것,
어둠 속에서 앞으로 나아가게 해주는 것이다. 그런데
소금은 무엇을 의미하는 걸까. 사람들 사이에서 간을
맞추라는 걸까, 돈을 아껴 써서 부자가 되라는 걸까.
딴생각이 머릿속에 우거지기 시작했다.

"다음 문제." 선생님의 목소리가 L에게 빛처럼
날아들었다. 어느새 소금 기둥이 된 L의 몸이 휘청였다.
무수한 받침이 눈앞에 둥둥 떠다니기 시작했다.

채점을 하다 말고 J는 창밖을 내다보았다. 점심시간에
창문으로 들이치는 빛이 참 좋았다. 창가 자리가
자신의 자리가 되었을 때, J는 학교에 대한 애정 지수가
상승하는 걸 온몸으로 느꼈다. 광합성을 하는 식물처럼,
점심시간에 꾸벅꾸벅 졸기도 했다. 그때만큼은 세상의
모든 빛이 자신을 향해 쏟아지는 것 같았다. 저학년을

담당하게 되었을 때에는 속으로 쾌재를 부르기까지 했다. 아이들과 친하게 지낼 수 있을 것 같았다. 동화책도 읽어주고 산수 문제도 함께 풀고 싶었다. 아이들의 눈높이에 맞춰 기꺼이 무릎을 굽힐 수 있을 것 같았다.

    새 학년 첫날, J는 교탁 위에 섰다. 하루에도 몇 번씩 장래 희망이 바뀌는 아이들이 나란히 앞에 앉아 있었다. 그때였다. 눈앞이 새하얘졌다. 지금껏 눈앞이 캄캄해지는 경우는 왕왕 있었지만 새하얘진 것은 처음이었다. 그는 이곳이 자신에게 어울리지 않는 곳임을, 그러니까 자신이 있어야 할 곳이 아님을 단박에 알아차렸다. 아찔했다. 그들에게서 뿜어져 나오는 어마어마한 빛을 감당할 수 없었다. 이 아이들을 교육하는 게 가능할까. 티 없이 맑은 아이들에게 낱말의 신비나 숫자의 위력에 대해 알려주어도 될까. J가 머뭇거리는 사이, 아이들이 웅성거리기 시작했다. 그는 제 몸에서 빛다발이 빠져나가는 걸 실감하고 있었다.

    그날부터 J는 교실에 들어갈 때면 늘 선글라스를 꼈다.

눈앞이 새하얘지는 것을 막기 위해 스스로 어둠을 껴입은 셈이다. 그래야 빛나는 아이들을 눈에 담을 수 있을 것 같았다. 아이들은 선생님이 선글라스를 낀 이유가 궁금했으나 아무도 용기 내어 묻지 않았다. 예의를 차린 것은 아니었다. 다만 선글라스를 낀 선생님의 모습이 너무 무서웠기 때문이다. 아이들을 사랑하기 위해 선글라스를 꼈지만, 같은 이유로 J는 아이들과 친하게 지낼 수 없었다.

"그는 빛이 있는 사람이다." 받아쓰기의 2번 문제를 그는 천천히 읽었다. 맨 앞자리에 앉은 L이 '그는 빛이 있는 사람이다'라고 쓰는 걸 J는 지켜보았다. 빛있다는 말은 "곱거나 아름답다"는 말이다. 아이들은 빛을 모른다. 빛이 없기에 티도 없을 수 있다. 그저 곱거나 아름다울 뿐이다. 그는 빛있는 아이들을 맨눈으로 보고 싶었다. J가 선글라스를 벗자, 아이들의 눈망울이 초롱초롱하게 빛나기 시작했다.

아이들은 빛을 모른다.
빛이 없기에 티도 없을 수 있다.
그저 곱거나 아름다울 뿐이다.
아이들의 눈망울이
초롱초롱하게 빛나기 시작했다.

빛은 밝은 것, 어둠 속에서 앞으로
나아가게 해주는 것이다.
그런데 소금은 무엇을 의미하는 걸까.
사람들 사이에서 간을 맞추라는 걸까,
돈을 아껴 써서 부자가 되라는 걸까.
딴생각이 머릿속에 우거지기 시작했다.

혼
잣
소
리
하
다

   T는 녹음기를 항상 가지고 다녔다. 아버지가 물려준, 1970년대에 제작된 녹음기였다. 크기도 제법 크고 무게도 상당했지만, 그는 묵묵히 산에 들에 길에 강에 바다에 그것을 가지고 갔다. 외출을 할 때면 녹음기가 늘 함께했는데, 만나는 사람마다 흠칫 놀라곤 했다.
"이 사사로운 대화를 녹취하는 거야? 이렇게 대놓고?"
T는 한술 더 떠 이렇게 말했다. "정말 그래야겠네. 네

목소리가 그리울 때마다 들어야겠다." 녹음기의 연식과 연식에서 오는 위용 때문에 많은 이들이 기분 좋게 웃었다.

   스마트폰에 탑재된 녹음 기능을 활용하면 되지 않느냐는 주변의 조언도 그는 무시했다. 스마트폰으로는 다양한 걸 할 수 있지만, 녹음기는 오직 녹음을 위해서만 만들어진 것이다. 녹음 한 가지를 위해서. 사람들이 이따금 T를 향해 뚝심 있다는 칭찬을 던졌으나 그는 잘 알고 있었다. 그 말은 융통성이 없다는 뜻이라는 걸. 소리를 왜 더 어렵고 번거롭게 기록하느냐고, 시대에 한참 뒤떨어졌다고 말하는 이도 있었다. "소리가 보관되는데 이 정도 묵직함은 있어야지." 그런 말을 들은 날 밤이면 T는 녹음기를 어루만지며 혼잣소리했다.

   T는 혼잣말보다 혼잣소리라는 단어를 좋아했다. '말'이라고 하면 어떤 의미를 품고 있어야 할 것 같은데, 소리라고 하면 그저 기분을 표현하는 것도 단지 탄성을

지르는 것도 괜찮다는 생각이 들었다. 크게 보면 세계는 말이 아닌, 소리로 구성되어 있었다. 바람에 청보리가 흔들리는 소리, 나뭇잎이 아스팔트 바닥 위로 떨어지는 소리, 타이어가 도로 위를 굴러가는 소리, 급정거를 할 때 도로와 타이어가 마찰하며 빚어내는 소리, 그 바람에 놀라서 한숨을 내쉬는 소리, 목구멍으로 침을 꼴깍 삼키는 소리. 그리고 빗소리.

T는 빗소리를 가장 좋아했다. 그가 녹음기로 처음 녹음한 소리도 바로 빗소리였다. 빗소리에 귀 기울여보면 수많은 빗줄기들이 각자 혼잣소리를 하고 있음을 알 수 있었다. 빗소리를 들을 때 T는 문득 자신이 혼자가 아닐지도 모른다는 생각에 사로잡혔다. 앞으로 만나게 될 소리들을 떠올리며 그는 창문을 닫았다. 창문 닫는 소리가 묵직했다.

어느 날 밤, T는 그동안 모아왔던 소리를 정리하기로 했다. 내친김에 해당 소리에 대해 짤막한 글을 쓰려고 마음먹은 참이었다. 그가 만든 폴더 이름은 조금 이상한 데가 있었다. 오후 11시 23분에 듣기 좋은 소리, 갈증이 날 때 들으면 좋은 소리, 온몸이 찌뿌드드할 때 들어야 할 소리, 잔소리보다 섬뜩한 소리, 낮과 밤에 다르게 들리는 소리, 물 흐르듯 흘러가는 소리, 직전의 기운이 가득한 소리, 직후의 아쉬움을 생각나게 하는 소리 등 지극히 자의적인 방식으로 작성되어 있었다. "나만 보고 들을 거니까." T는 혼잣소리하고 자신의 행동이 객쩍은 듯 몰래 웃었다. 혼자 있을 때조차 몰래 웃는 사람이 바로 T였다.

  '물 흐르듯 흘러가는 소리' 폴더를 열면 정작 물 흐르는 소리는 들어 있지 않았다. 누군가가 말을 유창하게 할 때, 자동차가 빈 도로를 신나게 달려갈 때, 바람이 불어 벤치 위에 놓인 책장이 리듬감 있게 넘어갈 때 발생하는 소리가 차곡차곡 담겨 있었다. '낮과 밤에 다르게 들리는 소리'도 듣자마자 바로 시간대를 알 수 있는 것은 아니었다. 그 폴더에는 물 마시는 소리, 파도가 바위에 부딪혀 물거품이 생기는 소리, 자동차 경적 소리, 사람들이 어디론가 바삐 걸어가는 소리, 개가 컹컹 짖는 소리가 담겨 있었다.

그는 쉰 개가 넘는 폴더 중 '자기 직전에 떠오르는 소리'를 열었다. 오늘은 이 소리들에 대해 글을 쓸 작정이었다. 급히 쓰고 돌려준다며 가진 돈 좀 있냐고 묻는 돈소리, 조리에 맞지 않는 헛소리, 시내 한복판에 울려 퍼지던 잡소리, 친구 사이를 틀어지게 만든 군소리, 만날 때마다 듣곤 하는 단골소리 등 하나같이 잊고 싶은 소리였다. 잊으려고 발버둥 치면 칠수록 더욱더 생생해지는 소리였다. 평소에는 떠오르지 않지만 자려고만 누우면 발목을 잡고 귓전을 때리는 소리였다.

소리들을 정리할 때, T는 소리를 말로 바꾸는 느낌이 들었다. 혼잣소리가 혼잣말이 되는 것 같았다. 소리를 채집한 날을 떠올리면 어김없이 경미한 현기증이 났는데, 그는 이 소리들 덕분에 그 아찔한 순간들을 건너올 수 있었다고 믿었다. 얼마 지나지 않아 페이지에 소리가 한가득 쌓였다. 글자 형태로. "듣기 좋은 소리가 별로 없네." 오늘의 마지막 혼잣소리였다.

빗소리에 귀 기울여보면 수많은 빗줄기들이
각자 혼잣소리를 하고 있음을 알 수 있었다.
빗소리를 들을 때 T는 문득 자신이
혼자가 아닐지도 모른다는 생각에 사로잡혔다.

비
스
듬
하
다

 야근하고 돌아오는 길, A는 골목길에서 돌부리에 걸려 넘어지고 말았다. 가로등이 있었지만 아무 생각 없이 앞으로 걷다 묵직한 돌을 만난 것이었다. 작은 돌멩이였다면 발끝에 채는 데서 그쳤을 텐데, 왜 거기 있는지 영문을 알 수 없는 돌덩이가 있었다. 느슨하다 못해 기진맥진한 상태였던 A에게 그 돌덩이는 집채만 한 파도와도 같았다. 그는 잠시 허공에서 갸우뚱하다가 냅다 앞으로 고꾸라졌다. 골목길에 아무도 없어서 다행이었다. 웃음거리가 될 게 뻔했으니까. 동시에 골목길에 아무도 없다는 사실이 그를 울적하게 만들었다. 만에 하나 크게 다쳤다면, 도울 수 있는 누군가가 올 때까지 하릴없이 기다려야만 했으니까.

 넘어지는 감각은 실로 오랜만이었다. 운동회 때 50미터 달리기에서 출발하자마자 넘어진 적이 있었다. 오른발 안쪽을 누가 비스듬하게 당기는 것 같았다. 당시 A는 아홉 살이었다. 그때 들렸던 다수의 말들은 염려와 격려였다. 한달음에 달려와 "괜찮니?"라고 물었던 담임 선생님, "할 수 있어!"라고 입을 모아 응원해준 동급생 친구들도 있었다. 넘어진 게 아무렇지 않은데도 눈물이 날 것 같았다. 그때 A를 미워하던 H의 말이 난데없이 날아들었다. "야, 우냐?" 방금 전까지만 해도 눈물이 날 것 같았는데, 왜 눈물이 날 것 같은지 도무지 알 수 없었는데, 어느새 A는 눈물을 흘리고 있었다. 저 멀리 50미터 결승점을 통과한 아이들이 출발선을 향해 걸어오는 모습이 보였다.

    그는 한동안 땅바닥에 비스듬하게 누운 채로 가만히 있었다. 가로등 불빛 주위를 어지럽게 맴도는 하루살이들이 보였다. 하루살이의 애벌레는 2년에서 3년에 걸쳐 성충이 되고, 그 성충은 고작 한 시간에서 며칠을 산다고 한다. 그것들이 빛을 좇는 건 어찌 보면 당연한 것이었다. 남은 시간이 얼마 되지 않는다는 것을 직감한 움직임이었다. 하루살이의 움직임에는 안녕과 혼란이 둘 다 있었다. 안녕을 위해서는 혼란을 피할 수 없다고, 안녕은 혼란이 끝난 뒤에야 겨우 찾아올 수 있다고 말하는 듯했다.

    아홉 살배기 A가 얼룩진 눈을 소매로 훔칠 때, 운동장 뒤에서 그를 지켜보던 그의 아버지가 말했다. "똑바로 걸어. 똑바로." 서쪽 하늘에 낮달이 비스듬하게 걸려 있었다.

    그날 이후, A는 세상을 비스듬하게 보기 시작했다.

그런 의도는 아니었으나 넘어진 이후에 몸이 약간 기운 것이다. 덩달아 마음도 경사傾斜를 갖게 되어버렸다. 그가 대놓고 삐딱해졌다는 소리는 아니다. 그 전까지 그는 맹물 같은 사람이었다. '좋은 게 좋은 거지'나 '중간만 가자' 같은 말이 그의 인생을 대변할 수 있을 정도였다. 아홉 살 이후에 그는 사람들의 주목을 받는 일이 그리 유쾌하지 않다는 것을 깨닫게 되었다. 탈선의 길로 빠질 수도 있는 유혹 앞에서 그를 붙들어준 건 똑바로 걸으라는 아버지의 말이었다. 동시에 좋은 기회가 찾아왔을 때 주저하게 만든 것도 바로 저 말이었다.

A는 묵묵히 앞으로만 걸었다. 대학에 입학하고 1학년을 마친 뒤 군대에 다녀왔으며, 별다른 휴학 없이 졸업하고 건실한 중소기업에 바로 취직했다. 운때가 맞았다고 말하곤 하지만, 이는 불필요한 관심을 미연에 방지하기 위해 하는 소리였다. 그러던 그가 세상을 비스듬하게 보기 시작한 것이다. 팀장의 무리한 요구를 거절한 게 신호탄이었다. 팀장은 군말 없이 야근하는

A에게 본인의 업무를 슬쩍 넘기려고 했는데, A가 그의 말을 받아친 것이다. "저는 오늘 칼퇴근해야 합니다, 팀장님." 팀장은 약간 당황하여 소개팅이라도 잡힌 거냐고 능글능글하게 되물었다. "사생활이라 굳이 말씀드리지 않겠습니다." 팀장의 눈초리는 H를 생각나게 했다. 아무리 사소한 상황도 그냥 넘어가지 않았다. 꼭 군소리를 보태서 마지막 장면을 장악하려 했다.

    모처럼 일찍 퇴근하니 저녁이 길었다. A는 천천히 저녁을 먹고 오랜만에 동네 산책을 했다. 골목길에서 넘어졌던 자리를 찾아 그 위에 잠시 서 있어도 보았다. 그때 가로등에 불이 들어왔다. 밝기를 측정하는 시스템에 따라 매일 켜지는 시간이 다르다는 얘기를 들었는데, 자신이 도착하자마자 불이 켜지는 게 어떤 징조 같았다. 그는 벽에 비스듬하게 기댄 채로 아버지에게 전화를 걸었다. "아버지, 저 이제 너무 똑바로만 살지는 않으려고요. 하고 싶은 것도 좀 하면서 살려고요." 정작 아버지는 그때 그 일을 까맣게 잊고 계신 것 같았다.

"좋은 쪽으로 기울어지면 된다." 무뚝뚝한 목소리가 주는 안정감이 있었다.

아버지와 통화를 마친 A는 H에게 문자 메시지를 보냈다. "나 이제 안 운다." 하루살이들이 안간힘을 다해 가로등 주위를 배회하고 있었다.

그때 안간힘은 안녕 사이間를 파고드는 힘이었다. 안녕을 구하는 힘이 어찌나 강한지, 밤의 경사가 급속도로 가팔라지고 있었다.

그때 안간힘은 안녕 사이를 파고드는 힘이었다.
안녕을 구하는 힘이 어찌나 강한지,
밤의 경사가 급속도로 가팔라지고 있었다.

속앓이하다

"속병에 약이 어디 있어. 앓는 데까지 앓아야 해."
M은 귀를 의심했다. 의사가 할 소리는 아니었다.
하지만 상대는 의사일 뿐 아니라 그의 친구이기도 했다.
속사정을 털어놓을 수 있는 유일한 친구. 애초에 치료를
원하지도 않았다. 약을 처방받고자 한 말도 아니었다.
M은 그저 그의 따뜻한 위로를 받고 싶었다. 앓으라는
말이 아닌, 앓지 않아도 된다는 말을 듣고 싶었는지도

모른다. M에게 그의 말은 "잃는 데까지 잃어야 해"처럼 들리기도 했다. 무엇을 더 잃어야 한단 말인가. 무엇을 더 잃을 수 있단 말인가.

   M과 그는 고등학교 때 처음 만났다. 둘 다 1학년 8반이었다. 이상한 말 같지만, 체육 시간에 체육 활동을 기피하다 친해지게 되었다. M은 순전히 땀 흘리기 싫다는 이유로 그늘에서 쉬었다. 체육 선생님은 M의 파리한 낯빛을 보고 순순히 고개를 끄덕였다. 감기나 복통, 현기증 등 증세를 굳이 설명할 필요도 없었다. 반면, 그는 밀린 공부를 앞세워 체육 선생님께 정중하게 부탁했다. 실기 교육에는 열정적으로 참여할 테니, 부디 자유 활동 시간에는 부족한 공부를 하게 해달라고 조심스레 여쭈었다고 했다. '부디'와 '부족한'을 발음할 때 절실함을 담는 것도 잊지 않았다고 했다. 그의 진심 어린 용기에 놀랐는지, 체육 선생님은 딱 하나의 질문만 던졌다고 했다. "야외에서 집중이 되겠어?"

M과 그는 2학기 때는 짝꿍이 되었고 2학년이 되면서
나란히 기숙사에 들어갔다. M은 문과를, 그는 이과를
택해서 한 반이 될 수는 없었으나 그들은 매일 저녁
기숙사에서 허겁지겁 밥을 먹은 뒤 한가로이 운동장을
거닐며 이야기를 나눴다. 이 광경을 체육 선생님이 보지
않아서 천만다행이었다. "나는 의대에 가야 해." 어느 날
그가 말했다. 속말을 꺼낼 때 속앓이가 좀 나아진다는
걸, 말하는 그도, 듣는 M도 자연스럽게 깨달았다. "집안
사정이 어려워. 입학 장학금도 받아야 할 텐데 걱정이야."

　기숙사로 돌아가는 길, 속 가장 깊숙이 들어앉은
멍울을 뱉어내듯 그가 덧붙였다. "내가 우리 집
기둥이래." M은 잠자코 듣고만 있었다. 체육 시간도
아닌데 등 뒤로 식은땀이 흘렀다.

　M은 모를 것이다. 어느 날 갑자기 한 가정의 가장이
되는 일이 무엇을 의미하는지. 알 필요도 없을 것이다.
언젠가는 알게 되겠으나 그때는 그가 이미 사회인으로

자리 잡은 뒤일 것이다. 자리를 잡는다는 것의 막막함을 M이 알 턱이 없다. 어느 날 집에 낯선 이들이 들이닥치는 일에 대하여, 말 그대로 길바닥에 나앉는 일에 대하여, 그 망연한 상황에서도 배에서 꼬르륵 소리가 나는 일에 대하여. 배를 가려도 허기를 막을 수 없음에 눈물과 콧물과 웃음이 동시에 터지는 일에 대하여. 그때부터 밤마다 속앓이가 시작되었다. 속이 아픈데, 아파 죽겠는데, 겉은 더없이 멀쩡해서 그 누구도 내가 아프다는 것을 알지 못했다.

 M에게 말하지 않은 것이 있었다. M도 굳이 묻지 않았다. 어려운 이야기를 꺼내면 듣는 이도 그것을 어느 정도는 떠안고 가야 함을 직감했을 것이다. 저녁을 먹고 운동장을 산책할 때, 우리가 나누는 얘기는 시시껄렁한 농담에 지나지 않았다. 웅크린 말을 일으켜 세우려고 할 때마다 M은 급히 화제를 전환했다. 화제가 화재火災라도 되는 듯 M은 소방관처럼 민첩하게 대처했다. 아직은

때가 아니라고 선을 긋는 듯했다. 그러나 나는 언제고 말하고 싶었다. "넌 몰라." M을 힐책하려는 게 아니었다. 그저 내가 지금 백척간두에 서 있음을, M이, M만은 알아주었으면 싶었다. 우리는 서로에게 유일한 친구니까. 유일함에는 책임이 따르는 법이니까. "네가 모르는 게 있어." 어느 날 저녁, 어렵사리 입을 뗐을 때 M은 하품을 했다. 기막힌 타이밍이었다. 나는 속으로 말했다. '너는 영영 모를 거야.'

  M은 종종 내 병원을 찾는다. 시시껄렁한 농담을 던지며 병원을 둘러보기도 한다. 마치 이곳에 자신의 지분이 있기라도 한 것처럼. 그러나 그는 그때 내 이야기를 들어주지 않았다. 영영 모르는 상태로 남겠다고 온몸으로 말했다. 그런 그가 밤마다 속앓이를 하고 있다며 속사정을 털어놓은 것이다. 나에게는 엄청난 용기가 필요했던 고백이, "오늘 날씨 참 좋네" 혹은 "저녁 뭐 먹지?" 같은 말로 둔갑해서 손쉽게 날아드는 것

같았다. "앓는 데까지 앓아야 해." 나는 끓는 속을 달래며 안간힘을 다해 말했다. 체육 시간의 동상이몽이 또다시 시작되고 있었다.

그때부터 밤마다 속앓이가 시작되었다.
속이 아픈데, 아파 죽겠는데,
겉은 더없이 멀쩡해서 그 누구도
내가 아프다는 것을 알지 못했다.

만
나
다

그들은 주로 밤에 만났다. 한 사람은 아침에 출근했다가 저녁에 퇴근했고 다른 한 사람은 새벽에 출근했다가 오후에 퇴근했기 때문이다. 저녁과 새벽 사이에 밤이 있어 실로 다행이었다. 주로 밤에 만나는 것이 항상 밤에 만나는 것으로 바뀌는 데는 그리 오랜 시간이 걸리지 않았다. 싱그러운 봄밤과 징그러운 여름밤, 머무는 가을밤과 저무는 겨울밤을 그들은 함께 보냈다. 사랑이 밤처럼 깊어갔다. 가로등 불빛이 이끄는 대로 공원을 걷고 출출할 때면 편의점 데이트를 했다. 그들은 밤의 사람이었다.

    헤어질 때마다 밤그림자가 여운처럼 길었다. 한 사람은 잠자리에 들 것이고 다른 한 사람은 출근 채비에 여념이 없을 것이다. 여운 있음이 여념 없음이 되는 동안, 밤은 깊음과 만나 더욱 새까매질 것이다. 깊디깊은 줄도 모르고 잠 속으로 허우적허우적 나아가는 사람이 있었다. 깊이 빠질수록 비밀에 가까워진다고 믿었다. 시간이든 거리든 생각이든 관계든, 깊을수록 책임져야 할 것이 늘었다. 사람들은 필연적으로 깊이에 연루되었다.

    깊은 밤이 지나면 어김없이 야트막한 새벽이 찾아왔다. 하늘은 해를 만날 것이다. 밤새 굳게 닫힌 건물들은 사람을 만날 것이다. 도로는 차를 만날 것이고 바퀴가 굴러간 흔적을 제 표면에 새길 것이다. 수년째 정해져 있는 만남이었다. 그래서인지 새벽에 출근하는 이들은 하나같이 무표정이었다. 기대 없음, 흥미 없음,

새로운 일 없음, 희망 없음, 여지없음이 표정 안에 모두 담겨 있었다. 무표정이자 '없음'의 표정이었다.

　새로운 누구를 만날까 두근거리던 시간은 진작 지나갔다. 특정 시간이 아니라 시간의 덩어리가 통째로 사라져버린 것 같았다. 그사이 우연일지언정 만나지 않았으면 하는 대상만 늘었다. 훤한 대낮에 무방비로 들이치는 햇살에서 이물감이 느껴졌다. 횡단보도를 사이에 두고 사람들이 서로를 쏘아보고 있었다. 신호가 바뀌자 무조건반사처럼 사람들이 움직이기 시작했다. 그는 오후 퇴근만을 속으로 외치며 성큼성큼 발을 뗐다. 밤이 아득히 멀었다.

　새벽 출근에서 아침 출근으로 바뀐 것은 어느 여름날이었다. "이제 남들 사는 것처럼 살 수 있겠네. 저녁 약속도 좀 잡고 그동안 못 누리던 것들을 마음껏 누려봐." 팀장은 선심을 쓰듯 이야기했지만, 그는 수년째 익숙해진 패턴을 깰 자신이 없었다. '마음껏'이라는 단어에서는 흡족함이 하나도 느껴지지 않았다. 상대의 마음을 읽기 전, 기분 파악이나 제대로 했으면 싶었다. 몸의 습관은 하루아침에 달라지지 않았다. 그는 첫새벽을 뜬눈으로 맞이했으며 아침이 밝아올 때까지 두세 시간을 무료한 채 흘려보내야만 했다.

"허망해." 잠자리를 박차고 일어나며 그는 중얼거렸다. 출근 시간만 바뀌었는데도 그는 일상이 망가진 것 같은 생각이 들었다. 만원 버스의 불쾌한 경험이 일상을 흐트러뜨렸다면 출근길 단골 카페에 늘어선 끝없는 줄은 일상을 휘젓기에 모자람이 없었다. 그는 똑같은 시간을 일했지만 괴이하게도 몹시 피곤했다. 몸을 쓰는 일이 아닌데도 아침이면 근육통에 시달리기 일쑤였다. 남들 사는 게 이런 것이라면 일언지하에 거절하고 싶었다. 여가를 누릴 의욕도 점점 사그라지고 있었다. 노을을 보며 퇴근할 때는 발끝에서 신물이 올라오는 것 같았다. 퇴근 후, 그는 황급히 현관문을 열었고 그때마다 안도하듯 주저앉았다.

간절함이 없어져서일까, 그들은 예전만큼 자주 만나지 않게 되었다. '내일 보면 되지'나 '어제 야근했다고 하니 오늘은 상대도 피곤할 거야'라는 생각이 그들 사이에 불쑥 끼어들었다. 비슷한 시각에 출퇴근을 하니 마음만 먹으면 언제든 만날 수 있을 거라고 생각했다. 생각이 행동을 만나지는 못했다. 보고 싶지 않은 것은 아니었지만 보지 않아도 이상하리만치 괜찮았다. 내일도 여전히 저녁은 찾아올 것이다. 밤늦게까지 함께할 수는 없을 테지만, 함께 산책하고 대화할 시간은 충분할 것이다. 밤이면 뒤설렜던 그들은 더 이상 없었다. 내일 아침 출근 생각에 한숨을 내쉬는 그들만 있었다. 그들은 차일피일 만남을 유예하고 있었다. 다시없을 시간이 밤그림자처럼 길어졌다.

  '다시없다'는 붙여 쓴다. '다시'와 '없다'는 만나서 헤어지지 않는다.

시간이든 거리든 생각이든 관계든,
깊을수록 책임져야 할 것이 늘었다.
사람들은 필연적으로 깊이에 연루되었다.

싱그러운 봄밤과 징그러운 여름밤,
머무는 가을밤과 저무는 겨울밤을
그들은 함께 보냈다.
사랑이 밤처럼 깊어갔다.

깊은 밤이 지나면

어김없이 야트막한 새벽이 찾아왔다.

하늘은 해를 만날 것이다.

밤새 굳게 닫힌 건물들은 사람을 만날 것이다.

도로는 차를 만날 것이고

바퀴가 굴러간 흔적을 제 표면에 새길 것이다.

친구의 말

어깨가 넓은 은에게

 그 무렵을 떠올리면 마음이 울창해진다. 기쁨도
즐거움도, 슬픔도 고민도 가득가득하고 몸이 따끈해진다.
그래서 늘 여름의 형식으로, 여름의 장면으로 기억하나
보다. 매미가 울고 그림자가 그늘이 되고 땀을 흘리는
건강한 사람과 사랑의 풍경. 하얗고 까만 시간이
지나간다. 어느덧 저녁이다.
 노을이 진다. 거뭇거뭇한 가게마다 불빛을 밝히고

조용해진다. 거리의 모든 것들 일제히 멈춰 선 채 하늘을 본다. 하늘은 언제나 걸린 것 없고 참 깊숙하다. 저 아뜩한 속으로부터 밤이 온대. 별이 오고 잠이 오고 내일이 온대. 그런 생각은 순하고 따뜻하고 조금 적적하다. 테두리가 서늘한 바람이 불어 지나간다.

   우리는 그때도 우리다. 나와 너. 희경과 은. 참 한결같지. 은은 그때도 지금처럼 내 편에 있었다. 은도 그렇게 생각할까. 그때도 내가 제 편에 있었다고. 그랬으면 좋겠다. 전생에 부부였던 게 분명해. 무슨 소리야. 부부였다면 징그러웠겠지. 힘껏 도망가 두 번 다시 만나지 않았겠지. 그럼 무엇이었을까. 실없이 웃는다. 나도 너도 전생을 믿지 않으니까. 그리고 우연도. 이것과 저것이 더해진다. 무언가 빠져나간다. 수긍하게 된다. 어떤 건 참고 어떤 건 넘기면서 어느덧 친구가 된다. 다시 한 차례 테두리 서늘한 바람이 불어 지나간다.

   그러니 무얼 좀 먹자. 배고파. 그러자. 무얼 먹을래,

나는 은에게 묻지 않는다. 무엇이든 좋아, 하고 답할
테니까. 묻는 대신 가자, 한다. 가자 하고 걷는다. 가자,
그래 가자, 따라오니까 살펴야지. 맛있게 해주어야지.
은은 한껏 내맡길 줄 안다. 고작 저녁을 먹으러 가는
결정에도 온몸을 온마음을 내어준다. 그러하여 결국
아끼고 사랑하게 되는 이, 그가 은이다. 그래서 우리는
걷는다. 큰길에서 작은 길로 작은 길에서 좁은 길로
뒷길로 실은 어디로 가야 할지 모르지만 늦은 바람의
서늘한 테두리를 따라 걸으면,

    은은 항상 길을 모른다. 따라오니까. 그런데도
은은 언제나 앞장선다. 앞장서서 길을 틀리고 만다.
내맡겼으면서 한껏 책임을 지고 싶은 거겠지. 나는 은이
뒤에서 몰래 웃곤 한다. 거기 아니야. 왼쪽. 이번에는
오른쪽. 그대로 쭉 가. 앞지를 생각은 하지 않고 그의 등을
유심히 지켜보면서, 더러 잘못된 방향을 바로잡아주지
않을 때도 있지. 몰래 숨어볼까. 어릴 적, 함부로 앞서는
나를 놀래키려고 약올려주려고 바로잡으려고 기둥 뒤에

숨던 내 부모처럼 그래볼까. 문득 나는 은의 어깨가 참 넓다는 생각을 한다.

   모르고 있던 건 아니다. 의외로 완고해 보이는 그의 어깨에 이따금 손을 올려보기도 한다. 무심한 척 그때에 손바닥에 느껴지는 뜻밖의 감각을 좋아한다. 감추어진 세계를 발견하는 기분, 과장만이 아닌, 이 어깨가 무언가 단단히 버티고 있다는 상상. 이 아이가 실은 아이가 아니고 온갖 일을 겪었고 한번은 죽을 뻔도 했으나 무사히, 건강하고 강건하게 버티고 있다는 안도. 세상에 은아, 너는 어깨가 참 넓다. 몹시 튼튼하구나. 입 밖으로 내어보지 못한 말이다. 괜히 쑥스러워서.

   그날 저녁, 나는 은에게 할 말이 있었던 것 같다. 그게 무엇이었을까. 기억을 더듬는 일은 갈수록 막막해진다. 훗날, 아주 많은 시간이 흐른 뒤 내게 남아 있는 것은 무엇일까. 그때의 나는 바스라질 듯한 빛과 늘어져 흩어져가는 그림자, 방금 지나간 과거와 곧 도래할

미래가 풍기는 듯한 희미한 탄내, 이름 없는 어떤 표정, 바스락거리는 작은 소리들. 도통 의미를 알 수 없는 것들을 뒤적이지 않을까. 난 그런 게 좋아. 지워지지 않고 종이 위에 남은 글씨의 자국 같아.

  그래서 은아. 우리는 고등어구이를 파는 가게로 갔다. 어쩌다 들른 거기가 맛있었던 것도 아닌데, 무얼 먹어도 너는 즐겁게 먹지. 뭐든 맛있다 하지. 앞에 놓인 것보다 마주 앉은 이에 관심을 두지. 그런 것을 좋아하지. 그리고 은아. 그때 나의 말이 고민이었는지 어려움이었는지 누구를 향한 험담이었는지 도무지 모르겠다. 오래된 사연은 서랍 저 안쪽에서 발견한 새 편지지 세트 같은 거야. 아무 글자도 적히지 않은 오래된 사연. 그런데 은아. 누군가를 떠올렸을 텐데, 그래서 들였을 텐데 아무것도 담지 못하고 고스란히 잊혔구나. 누구의 것도 아니게 된 채 고스란히 바래버렸고 이제는 쓸 수도 없고 버릴 수도 없는 채로.

  가시를 바르면서 낱낱이 네게 털어놓은 이야기는

차츰차츰 어두워져가는 창밖과 닮아서 그새 깜깜해지고
말았어. 창문에는 은과 나만 남아 있다. 그토록 많은
이야기를 나누었을 것이다. 그다음은 어떻게 됐어.
그러나 은이라고 뾰족한 수가 있었을까. 기대를 하지
않는다. 기대를 할 수 없어서가 아니라 그때도 지금도
나는 은에게 어떤 종류의 짐도 맡기고 싶지 않다는
이상한 결벽을 가지고 있다. 그게 나와 은 사이 가느다란
무언가를 지켜주고 있다고 믿는다. 그사이 그릇은
비어가고 가시는 가늘고 투명하다. 목구멍에 걸려 가시지
않는 그런.

   또 한바탕 밥값을 두고 티격태격 다투었겠으나, 하나도
중요하지 않아. 이번이 내 차례고 다음 역시 내 차례라
해도 나뿐 아니라 은은 분명 잊을 테니까. 여지없이 은은,
맛있다. 또 오자. 다음번엔 다른 것도 먹어보자, 하고
그로부터 한참 떨어져 있는 나는 우리가 다시 그 가게에
갈 일은 없다는 걸 안다. 이제 그 가게 자리엔 조그마한
커피숍이 들어섰고 아마 우리는, 그곳에도 갈 일이 없을

것이며 그런데도 이따금 나는 그 앞을 지날 때가 있다. 그러면 그 시절의 내가 그 시절의 은과 어깨동무를 하고서,

    생각한다. 너는 어깨가 참 넓은 사람. 그것 말고는 다른 정의가 떠오르지 않는 사람. 밤이 되면 그 어깨를 펼치고서 내 앞에 서줄 사람. 나를 등 뒤에 둘 것 같은 그런 사람. 앞을 단단히 막아서고서 이따금 뒤돌아봐줄 사람. 나는 조금 울고 싶었던 것 같다. 괴로워서도 슬퍼서도 아니고 막막해서도 아뜩해서도 아니다. 네가 좋아서나 우리가 든든해서도 아니다. 그저, 마음이 착해지는 것 같아서, 배부르게 밥을 먹고 든든한 속으로 씩씩하게 더 가볼 수 있을 거라는 착각이 자꾸 들어서 그래서 나는 은아, 하고 부른다.

    온전한 밤으로 가는 그 시간에 은아 하고 불러서 앞장서려는 너를 붙들고 슬며시 내려가는 너의 눈꼬리를 본다. 준비되어 있는 곁을 내어주려 할 때의 표정. 그

표정을 보면 괜히 웃음이 나고 우리, 아이스크림 하나 먹고 갈까. 그러면, 너는 그래 그러자. 내가 사줄게. 또 어딘지도 모르면서 앞장서려 하고 그러면 나는 이번에는 어림없지, 너의 넓은 어깨 한쪽을 단단히 쥐고 같이 가. 같이 가자. 하는 우리 코끝을 스치는 테두리가 서늘한 둥근 바람. 밤이, 밤이 왔다. 그리고 아이스크림을 먹으러 갔다는, 밤에만 착해지는 사람들 이야기.

유희경(시인)

밤에만 착해지는 사람들

초판 1쇄 인쇄 2025년 07월 10일
초판 1쇄 발행 2025년 07월 30일

지은이 오은
펴낸이 최순영

출판2 본부장 박태근
스토리 팀장 김소연
일러스트 장고딕
손글씨 오은
디자인 김준영

펴낸곳 ㈜위즈덤하우스 **출판등록** 2000년 5월 23일 제13-1071호
주소 서울특별시 마포구 양화로 19 합정오피스빌딩 17층
전화 02) 2179-5600 **홈페이지** www.wisdomhouse.co.kr

ⓒ 오은, 2025

ISBN 979-11-7171-459-9 03810

- 이 책의 전부 또는 일부 내용을 재사용하려면 반드시 사전에 저작권자와 ㈜위즈덤하우스의 동의를 받아야 합니다.
- 인쇄·제작 및 유통상의 파본 도서는 구입하신 서점에서 바꿔드립니다.
- 책값은 뒤표지에 있습니다.